新完全マスター 聴解

日本語能力試験 N4

中村かおり・福島佐知・友松悦子 著

スリーエーネットワーク

Published by 3A Corporation.
Trusty Kojimachi Bldg., 2F, 4, Kojimachi 3-Chome, Chiyoda-ku, Tokyo 102-0083, Japan

ISBN978-4-88319-763-7 C0081

First published 2018
Printed in Japan

はじめに

　日本語能力試験は、1984年に始まった、日本語を母語としない人の日本語能力を測定し認定する試験です。受験者が年々増加し、現在では世界でも大規模の外国語の試験の一つとなっています。試験開始から20年以上経過する間に、学習者が多様化し、日本語学習の目的も変化してきました。そのため、2010年に新しい「日本語能力試験」として内容が大きく変わりました。新しい試験では知識だけでなく、実際に運用できる日本語能力が問われます。

　本書はこの試験のN4レベルの聴解試験のための問題集として作成されたものです。

　まず、「問題紹介」で、問題の形式とその解法を概観します。次に「実力養成編」で、問題形式別に、必要なスキルを身につけるための学習をします。最後に「模擬試験」で、実際の試験と同じ形式の問題を解いてみることによって、どのくらい力がついたかを確認します。

■本書の特徴

①問題形式に合わせて、それぞれに必要なスキルを学ぶことができる。

②各スキルを段階を踏んで学習することにより、無理なく聴解の力を身につけられる。

③易しい日本語で書いてあり、翻訳もついているので、自習に使うことができる。

④初級レベルの学習者がつまずきやすい点に焦点を当てているため、初級の復習教材としても活用できる。

　私たちはこれまで聴解の学習方法がわからないという学習者に大勢出会い、どうすれば学習者に聴解の力がつけられるかを考え続けてきました。そこで、「どのように聞くか」というスキルを、日本語能力試験の形式別に１つずつ身につけられるようにまとめたのが本書です。本書が日本語能力試験の受験に役立つと同時に、日本語を使って学習・生活・仕事をする際にも役立つことを願っています。

2018年２月　著者

目次 もく じ Contents MỤC LỤC

本書をお使いになる方へ

■本書の目的

この本の目的は2つです。

①日本語能力試験N4の試験に合格できるようにします。

②試験対策だけでなく、全般的な「聴解」の勉強ができます。

■日本語能力試験N4聴解問題とは

日本語能力試験N4は、「言語知識（文字・語彙）」（試験時間30分）「言語知識（文法）・読解」（試験時間60分）と「聴解」（試験時間35分）の3つに分かれています。

聴解の問題は4種類あります。

1 課題理解

2 ポイント理解

3 発話表現

4 即時応答

■本書の構成

この本は、以下のような構成です。

問題紹介

実力養成編　Ⅰ　日本語の音に慣れる

　　　　　　Ⅱ　「発話表現」のスキルを学ぶ

　　　　　　Ⅲ　「即時応答」のスキルを学ぶ

　　　　　　Ⅳ　「課題理解」のスキルを学ぶ

　　　　　　Ⅴ　「ポイント理解」のスキルを学ぶ

模擬試験

詳しい説明をします。

問題紹介　　　問題の形式と解き方を知り、この本で学習することを整理します。

実力養成編　Ⅰ　日本語の音に慣れる

　　　　　　【目標】日本語の音が聞き分けられる

　　　　　　【練習】似ている音を聞き分ける、音の高さや長さに注意する、言葉を聞き取る

II 「発話表現」のスキルを学ぶ

【目標】場面や状況に合う発話がすぐに判断できる

【練習】だれの動作を表す表現かを判断する、声をかける言い方に注意する

III 「即時応答」のスキルを学ぶ

【目標】質問、依頼などの短い文を聞いて、それに合う答え方がすぐに判断できる

【練習】間違えやすい表現や、会話でよく使われる表現に注意する

IV 「課題理解」のスキルを学ぶ

【目標】これから何をするべきかがわかる

【練習】するべきことを示す言葉を聞き取る、いくつかの情報の中から実際にすることを聞き取る

V 「ポイント理解」のスキルを学ぶ

【目標】質問されたことにポイントを絞って聞き取れる

【練習】キーワードになる部分を詳しく聞き取る、後から言う内容が本当の答えになる場合に注意する

模擬試験 実際の試験と同じ形式の問題です。実力養成編で学習した内容がどのぐらい身についたかを確認します。

■表記

基本的に常用漢字(1981年10月内閣告示、2010年改定前)にあるものは漢字表記にしました。ただし、著者らの判断でひらがな表記の方がいいと思われるものは例外としてひらがな表記にしてあります。特に、問題紹介の例題、確認問題、模擬試験の問題では、N4レベル以上の漢字を含む語彙はひらがな表記にしました。本文、別冊ともに漢字にはすべてふりがなをつけてあります。

■学習時間

50分授業で、「スキルの解説から練習の問題まで」を、だいたい2つ学習できます。ただし、学習者のレベルに応じて、丁寧にゆっくり進むかスピードアップするかによって、時間数を調整することはできるでしょう。個人で学習する場合は、自分の学習スタイルに合わせて時間数を調整してください。

【学習の進め方の例】

①解説を読む:学習するスキルを確認する。注意する表現がある場合は意味を確認する。

②例題を解いて、答えと解説を確認する:例題の解説を読んで、スキルを確認する。

③練習問題を解く：スキルを意識して解く。必要な場合は2〜3回聞く。

④答えとスクリプトを確認する：内容を確認し、必要があればもう一度聞く。

⑤確認問題を解く：その章で練習したスキルが身についているかを確認する。

■CDについて

CDの時間が限られているので、選択肢を読む時間や答えを考える時間が、実際の試験よりも短いところがあります。考える時間が必要なときは、CDを止めて使ってください。

■音声について

この教材の音声は、当社のウェブサイトで聞くことができます。

https://www.3anet.co.jp/np/books/3646/

For users of this book

■ What this book is for

This textbook has the following two major objectives.

1 Equipping the student with the ability to pass the Japanese Language Proficiency Test (JLPT) N4 Level examination.

2 Enabling students to study the full range of listening comprehension skills, not merely how to tackle examination questions.

■ What listening comprehension questions are asked in the JLPT N4 examinations?

The JLPT N4 examinations are divided into three sections: *Language knowledge (moji [kanji/hiragana/ katakana], and vocabulary)* (30 minutes); *Language knowledge (grammar) and Reading comprehension* (60 minutes); and *Listening comprehension* (35 minutes). The listening comprehension questions fall into four categories.

1 Understanding the subject-matter

2 Understanding specific points

3 Verbal expressions

4 Immediate responses

■ Structure of this textbook

This textbook comprises the following sections.

About the questions

Skills development: I   Mastering the sounds of Japanese

II   Skills acquisition: Verbal expressions

III Skills acquisition: Immediate responses

IV   Skills acquisition: Understanding the subject-matter

V   Skills acquisition: Understanding specific points

Mock test

Now follows a detailed explanation.

About the questions   Introduces and summarizes format of questions and approaches to them

Skills development   I   Mastering the sounds of Japanese

(Purpose) Distinguishing the sounds of Japanese

(Practice) Distinguishing between similar sounds, recognizing the pitch and length of sounds and picking out words

II   Skills acquisition: Verbal expressions

(Purpose) Learning how to immediately judge utterances in particular situations or circumstances

(Practice) Studying how to judge who is the agent of a particular behavior being expressed, and how to go about drawing attention

III   Skills acquisition: Immediate responses

(Purpose) Learning how to think of an immediate and fitting response after listening to a question, request, or other short utterance

(Practice) Taking note of terms and phrases that are easy to get wrong and those that are frequently used in conversation

IV   Skills acquisition: Understanding the subject-matter

(Purpose) Understanding what to expect next

(Practice) Picking out spoken words expressing what should be done, and identifying what is actually to be done from a range of information

V   Skills acquisition: Understanding specific points

(Purpose) Listening to identify the key point of questions you have been asked

(Practice) Listening closely for keywords in what you have been told and picking out cases where what is said later is the real answer

Mock test   Questions that have the same format as those used in actual examinations. You check how well you have learnt what you studied in the skills development section.

■ Notation

Notation is based on the standard *Joyo Kanji* list of Chinese characters (as approved by the Cabinet Office in October 1981, and before the revision of 2010). However, *hiragana* are used exceptionally when, in the opinion of the authors, this is preferable. In particular, *hiragana* notations are given for vocabulary including *kanji* at and above level N4 in example questions in About the questions, confirmatory questions and mock test questions. *Furigana* are provided in all cases for *kanji* in the main text and annex.

■ Study time

In a 50-minute lesson, students should be able to cover two units, a single unit comprising a commentary on the skill to be studied and practice questions. However, you can adjust the length of time taken for a section, slowing down the pace of study or speeding it up, to correspond to student level. If you are studying alone, you should adjust the number of hours to match your style of study.

How to study effectively

① Read the commentary: Confirm the skill to be studied. Confirm the meaning if there are terms or phrases that require attention.

② Do the example questions, and check your answers and the commentary: Check which skills are to be studied by reading the commentaries to the exercises.

③ Answer practice questions: Answer bearing in mind the skill you are working on. If necessary, listen two or three times.

④ Check the answers and scripts: Confirm the content and if necessary listen one more time.

⑤ Answer the confirmatory questions: Confirm whether you have internalized the skills studied in the chapter.

■ About the CD

Because the CD has a limited number of minutes, the time for reading response options and for considering an answer is sometimes shorter than during the actual examination. When you need time to think about the question, pause the CD.

■ Audio content

You can listen to this textbook's audio content on the publisher's Web site:
https://www.3anet.co.jp/np/books/3646/

Thân gửi bạn đọc

■ Mục đích của cuốn sách

Cuốn sách này nhắm tới hai mục đích:

1. Giúp người học thi đỗ N4 của Kỳ thi Năng lực tiếng Nhật.

2. Không chỉ phục vụ cho thi cử mà có thể học "nghe hiểu" một cách toàn diện.

■ Đề bài nghe hiểu N4 Kỳ thi Năng lực tiếng Nhật là gì?

N4 Kỳ thi Năng lực tiếng Nhật chia làm 3 môn thi: "Kiến thức ngôn ngữ (chữ, từ vựng)" (thời gian thi: 30 phút), "Kiến thức ngôn ngữ (ngữ pháp)-Đọc hiểu" (thời gian thi: 60 phút) và "Nghe hiểu" (thời gian thi: 35 phút). Đề thi hiểu có 4 loại:

1. Hiểu vấn đề nêu ra

2. Hiểu ý chính

3. Diễn đạt khẩu ngữ

4. Trả lời ngay câu hỏi

■ Cấu trúc của cuốn sách

Cuốn sách này có cấu trúc như sau:

Giới thiệu các đề

Bồi dưỡng thực lực: I   Làm quen với ngữ âm tiếng Nhật

                              II   Học kỹ năng "Diễn đạt khẩu ngữ"

                             III Học kỹ năng "Trả lời ngay câu hỏi"

                             IV Học kỹ năng "Hiểu vấn đề nêu ra"

                             V   Học kỹ năng "Hiểu ý chính"

Thi thử

Chúng tôi xin được giải thích chi tiết.

| Giới thiệu các đề | | Biết các dạng đề và cách làm, điều chỉnh sắp xếp việc học tập bằng cuốn sách này. |

Bồi dưỡng thực lực   I   Làm quen với ngữ âm tiếng Nhật

Mục đích: Nghe phân biệt được các âm của tiếng Nhật.

Luyện tập: Nghe phân biệt các âm giống nhau, chú ý đến cao độ và trường độ của âm, nghe phân biệt các từ.

II   Học kỹ năng "Diễn đạt khẩu ngữ"

Mục đích: Có thể nhận định được ngay những cách nói phù hợp với ngữ cảnh hay tình huống.

Luyện tập: Nhận định đó là câu nói thể hiện hành động của ai, chú ý đến cách nói khi đặt vấn đề.

III   Học kỹ năng "Trả lời ngay câu hỏi"

Mục đích: Có thể nghe câu hỏi hay câu nhờ vả ngắn và nhận định được ngay cách trả lời phù hợp.

Luyện tập: Chú ý đến những cách diễn đạt dễ bị nhầm, những cách diễn đạt hay được sử dụng trong hội thoại.

IV   Học kỹ năng "Hiểu vấn đề nêu ra"

Mục đích: Hiểu được mình sẽ phải làm gì.

Luyện tập: Nghe phân biệt các từ biểu thị những việc cần phải thực hiện, nghe phân biệt những việc thực tế sẽ làm từ một vài thông tin.

V   Học kỹ năng "Hiểu ý chính"

Mục đích: Tập trung vào nghe những nội dung chính mà câu hỏi nêu ra.

Luyện tập: Nghe chi tiết những chỗ đóng vai trò là từ khóa, chú ý đến trường hợp nội dung nói đằng sau sẽ trở thành câu trả lời thật sự.

Thi thử   Là các đề thi có hình thức giống với kỳ thi thật. Người học có thể kiểm tra lại những nội dung đã học trong phần Bồi dưỡng thực lực xem bản thân mình đã nắm bắt được đến mức nào.

■ Các ký tự

Về cơ bản là sử dụng những chữ Hán có trong bảng Chữ Hán thông dụng (trong Thông báo chính thức của Chính phủ tháng 10 năm 1981, có sửa đổi bổ sung năm 2010). Tuy nhiên, những chỗ được cho rằng viết bằng chữ Hiragana thì tốt hơn theo nhận định của tác giả thì sẽ viết bằng chữ Hiragana với tư cách là trường hợp ngoại lệ. Đặc biệt, trong các ví dụ đề bài, đề bài kiểm tra, đề bài thi thử đưa ra ở phần Giới thiệu các đề các từ vựng có chữ Hán từ cấp độ N4 trở lên đều được viết bằng chữ Hiragana. Trong cuốn sách này và cả trong phần sách phụ lục tất cả các chữ Hán đều có viết kèm thêm cách đọc.

■ Thời gian học

Trong giờ học 50 phút, người học có thể học khoảng hai nội dung "từ giải thích kỹ năng đến làm bài luyện tập". Tuy nhiên, có thể điều chỉnh số giờ tùy theo quá trình học nhanh hay chậm phù hợp với trình độ của người học. Trường hợp cá nhân học một mình thì hãy điều chỉnh số giờ phù hợp với kiểu học của bản thân.

Ví dụ về cách thức học:

1. Đọc giải thích: Xác nhận kỹ năng học tập. Trường hợp có cách nói phải chú ý thì xác nhận ý nghĩa.

2. Làm đề ví dụ, xác nhận câu trả lời và phần giải thích: đọc phần giải thích ví dụ và xác nhận kỹ năng.

3. Giải bài luyện tập: Ý thức đến kỹ năng để giải. Nếu cần có thể nghe 2~3 lần.

4. Xác nhận câu trả lời và kịch bản lời thoại: xác nhận nội dung, nếu cần có thể nghe lại một lần nữa.

5. Giải đề kiểm tra: Xác nhận xem đã nắm được kỹ năng đã học trong chương đó hay chưa.

■ Về đĩa CD

Thời gian đĩa CD có hạn nên có những chỗ thời gian đọc các đáp án lựa chọn và thời gian nghỉ câu trả lời ngắn hơn só với kỳ thi thực tế. Khi cần có thời gian để suy nghĩ, hãy dừng đĩa CD lại để suy nghĩ.

■ Về âm thanh

Bạn có thể nghe âm thanh của cuốn giáo trình này từ trang Web của Nhà xuất bản chúng tôi.

https://www.3anet.co.jp/np/books/3646/

問題紹介

少し長い話から指示や提案などを聞き取って、これからどうするかを考える問題です。選択肢（文字か絵）を見ながら話を聞きます。実際の試験では、問題の前に練習があります。

In these questions, you listen for instructions or proposals, etc. from a longer dialogue and then consider what is to be done. Listen while looking at the options (text or image). In the actual examination, you will be able to do a practice exercise before the questions.

Là các bài luyện nghe chỉ thị hay phương án đề xuất từ một cuộc nói chuyện hơi dài một chút và suy nghĩ xem sau đó sẽ phải làm gì. Vừa nghe vừa nhìn các phương án trả lời (bằng chữ hoặc tranh vẽ). Trong thi thực tế còn có cả phần luyện trước khi vào bài thi.

★ れいだい1 🎧A01

もんだい1では、まず しつもんを 聞いて ください。それから 話を 聞いて、もんだいようしの 1から4の 中から、いちばん いい ものを 一つ えらんで ください。

　　1　スピーチを　する
　　2　うたを　うたう
　　3　ピアノを　ひく
　　4　あいさつを　する

スクリプト

男の人と女の人が話しています。女の人はパーティーで何をしますか。

男：来月のパーティーなんだけど、お祝いのスピーチをしてくれない？

女：わたし、スピーチはちょっと……。

男：そう？　じゃ、歌はどう？　山田さんと中川さんが歌うって言っていたから、一緒に。

女：えー、歌ですか。

男：あ、ピアノでもいいよ。2人の歌に合わせて弾いてよ。

女：それなら、できます。田中さんは、何をするんですか。

男：僕？　僕は始めのあいさつをやるよ。

女の人はパーティーで何をしますか。

こたえ 3

　話を聞いて、何をするかを考えます。男の人は「スピーチをしてくれない？」と女の人にお願いしていますが、女の人は「スピーチはちょっと……」と答えています。「歌はどう？」には「えー」と答えています。この「ちょっと……」や「えー」は「いいえ」の意味の返事です。最後に「ピアノ」については「それなら、できます」と答えていますから、3が答えです。

　このように、指示や提案などの言い方と、その返事が「はい」の意味か「いいえ」の意味かに注意して、これからすることを考えます。

Listen to what is being said and think about what is to be done. The man is asking the woman ［スピーチをしてくれない？］ (*Won't you please give a speech?*). The woman replies, ［スピーチはちょっと……］ (*Well, I'm not sure about that*). She is then asked, ［歌はどう？］ (*What about singing?*), and she replies, ［えー］ (*Singing? Well ...*). These two responses are negative. In the end, she is told ［ピアノ］ (*Piano is OK too*), and replies, ［それなら、できます］ (*If that's what you want, I can do that*). So 3 is the correct answer.

In this way, listen to the instructions and proposals, etc., consider whether responses are affirmative or negative, and think about what is then to be done.

Nghe cuộc nói chuyện rồi suy nghĩ sẽ phải làm gì. Nhân vật nam nhờ người phụ nữ rằng: "スピーチをしてくれない？" (Cậu đảm nhận một bài phát biểu cho tôi có được không?) nhưng nhân vật nữ trả lời: "スピーチはちょっと……" (Phát biểu thì hơi khó...) Và trả lời: "えー" (Hả?) khi được hỏi là, 歌はどう？ (Hát thì thế nào). Từ "ちょっと……" (hơi...) và "えー" (Hả?) là cách nói khi trả lời với nghĩa là "không". Cuối cùng, cô ta trả lời là: "それなら、できます" (Thế thì được) khi đề cập đến "ピアノ" (đàn piano), vì vậy 3 là đáp án đúng.

Như vậy, cần phải chú ý đến những cách nói dạng như chỉ thị, phương án đề xuất, v.v. và câu trả lời tương ứng mang nghĩa "có" hay mang nghĩa "không" để suy nghĩ về việc sau đó sẽ cần phải làm gì.

少し長い話から、理由、時間、場所、方法など、質問文で聞かれたポイントを聞き取る問題です。話の前に選択肢（文字）を読む時間があります。実際の試験では、問題の前に練習があります。

In these questions, you listen out for specific points from questions on reasons, times, places and methods, etc. from longer dialogues. You will have time to read the options in advance before the dialogues (in text form). In the actual examination, you will be able to do a practice exercise before the questions.

Là bài tập nghe hiểu những nội dung chính đã được nêu ra trong câu hỏi như lý do, thời gian, địa điểm, phương pháp, v.v. từ một cuộc nói chuyện hơi dài một chút. Trước khi nghe nói chuyện có thời gian để đọc các phương án trả lời (bằng chữ). Trong thi thực tế có phần luyện trước khi vào bài thi.

★ れいだい2 🎧A02

もんだい2では、まず　しつもんを　聞いて　ください。そのあと、もんだいようしを　見て　ください。読む　時間が　あります。それから　話を　聞いて、もんだいようしの　1から4の　中から、いちばん　いい　ものを　一つ　えらんで　ください。

1　スペイン
2　イタリア
3　きょうと
4　中国

スクリプト

男の人と女の人が話しています。男の人は来週、どこに行きますか。

男：来週、旅行に行くんだ。

女：あれ？　先月もどこかに行ったよね。

男：うん、先月はスペインとイタリアに行ったよ。

女：来週はどこに行くの？　あ、中国でしょう？　前に行きたいって言ってたよね。

男：ううん。来週は、京都に行こうと思ってるんだ。中国だと、ちょっと時間が足りな

　　いんだよね。

女：そう。楽しんできてね。

男の人は来週、どこに行きますか。

こたえ 3

　質問文のキーワード「来週」に注意して、男の人が「来週」行く所を聞き取ります。「先月」は「スペインとイタリアに行った」と言っています。「来週」については、女の人は「中国でしょう？」と聞いていますが、「ううん」という「いいえ」の意味の返事のあとに「京都」と答えていますから、3が答えです。

　このように、質問文の中のキーワード（注意して聞く言葉）を聞き取って、その答えを探します。また、後から言うことの中に本当の答えがある場合がありますから注意します。

Listen for the keyword ［来週］ (next week) in the question and work out where the man is going next week. You hear that ［先月］ (last month) he went to ［スペインとイタリア］ (Spain and Italy), but when the woman asks whether ［来週］ (next week) he is ［中国でしょう？］ (going to China), he answers ［京都］ (Kyoto) after saying ［ううん］ (Uh-uh), which means ［いいえ］ (No). So the answer is 3.
In this way, you listen out for the keywords in the sentences (words to focus on) and work out which is the correct answer. Bear in mind that sometimes what is said later is the real answer.

Chú ý đến từ khóa "来週" (tuần sau) để nghe ra địa điểm mà người đàn ông "tuần sau" đến. Anh ta nói rằng, "先月" (tháng trước) anh ta đã đi "スペインとイタリア" (Tây Ban Nha và Ý), "来週" (tuần sau) thì người phụ nữ hỏi: "中国でしょう？" (Chắc là Trung Quốc hả?) nhưng được trả lời là: "ううん" có nghĩa là "いいえ" và ngay sau đó nói là "京都" (Kyoto) cho nên 3 là đáp án đúng.
Như vậy, cần nghe ra được từ khóa (từ cần chú ý nghe) mà từ khóa đó ở ngay trong câu hỏi, rồi tìm câu trả lời. Ngoài ra, có trường hợp câu trả lời thực sự được nói đến ở đằng sau nên cần chú ý.

絵を見ながら、その人の立場に立って、どんな言い方をしたらいいかを考える問題です。お願いするときや許可をもらうときなどの言い方を選びます。実際の試験では、問題の前に練習があります。

In these questions, while looking at the pictures, you put yourself in the person's shoes and consider what wordings to use. You choose formulae for when you are making requests and receiving permission, etc. In the actual examination, you will be able to do a practice exercise before the questions.

Là bài tập vừa nhìn tranh vẽ vừa đứng vào lập trường của người đó để suy nghĩ xem nên nói gì. Lựa chọn cách nói khi nhờ vả hay xin phép, v.v.. Trong thi thực tế có phần luyện trước khi vào bài thi.

☆ れいだい3 Ⓐ03

　もんだい3では、えを 見ながら しつもんを 聞いて ください。➡(やじるし)の 人は 何と 言いますか。1から3の 中から、いちばん いい ものを 一つ えらんで ください。

1	2	3

スクリプト

料理を作りました。お客さんに食べてもらいたいです。何と言いますか。

1　これ、食べてみてください。

2　これ、食べてみましょうか。

3　これ、食べてみたいです。

こたえ 1

状況説明文（初めの話）で「食べてもらいたい」と言っているので、「食べる」人は聞く人です。聞く人に勧める言い方は1の「食べてみてください」です。2は話す人が食べるか2人で一緒に食べるときの言い方、3は話す人が食べるときの言い方です。

このように、状況や場面を考えて、それに合う言い方を選びます。話す人と聞く人のどちらがするかや、声をかけるときのいろいろな言い方に注意します。

Because the phrase [食べてもらいたい] (*Please try this for me*) is used in the explanation of the situation (introductory remarks), the person eating is the listener. The formula used for advising the listener is 1, [食べてみてください] (*Please try it*). 2 is the formula for when the speaker is eating or when the speaker is inviting the listener to join him in eating, and 3 is the formula used when the speaker wants to eat.

Thinking about situations and circumstances like this, you choose the formula that best fits. Listen out for who is the agent (the speaker or the listener), and the various formulae used for drawing attention.

Trong câu giải thích tình huống (câu chuyện đầu tiên) nói rằng "食べてもらいたい" (muốn mời ăn) nên người "ăn" là người nghe. Cách nói để mời người nghe là phương án 1 "食べてみてください" (Bác hãy thử ăn đi ạ). Phương án 2 là cách nói dùng khi người nói ăn hoặc hai người cùng ăn, phương án 3 là cách nói dùng khi người nói ăn.

Vì vậy, ta suy nghĩ đến hoàn cảnh và ngữ cảnh để lựa chọn cách nói phù hợp. Cần chú ý đến nhiều cách nói khác nhau khi giữa người nói và người nghe thì ai sẽ là người thực hiện hành động hoặc ai sẽ là người mời.

質問、報告、お願い、あいさつなどの短い文を聞いたあと、すぐにそれに合う答え方を考える問題です。実際の試験では、問題の前に練習があります。

This question type requires you to think of an immediate and fitting response after listening to a question, report, request, greeting or other short utterance. In the actual examination, you will be able to do a practice exercise before the questions.

Là phần bài tập sau khi nghe một câu ngắn dạng như câu hỏi, câu báo cáo, câu nhờ vả, câu chào, v.v. thì suy nghĩ ngay cách trả lời phù hợp. Trong thi thực tế có phần luyện trước khi vào bài thi.

★ れいだい4 A04

もんだい4では、えなどが ありません。まず ぶんを 聞いて ください。それから、その へんじを 聞いて、1から3の 中から、いちばん いい ものを 一つ えらんで ください。

(1)　| 1　　　2　　　3 |

(2)　| 1　　　2　　　3 |

スクリプト

(1)　女：ねえ、ちょっとこれ、見てくれない？

　　　男：1　うん、見て。

　　　　　2　うん、見せたい。

　　　　　3　うん、どれ？

(2)　女：いいお店でしたね。どうもごちそうさまでした。

　　　男：1　いえ、おかげさまで。

　　　　　2　いえ、どういたしまして。

　　　　　3　いえ、おじゃましました。

こたえ (1)3　(2)2

(1)「見てくれない？」は聞く人に見ることをお願いする言い方で、3がそれに合う返事です。

(2)食事のお金を払ってくれた人にお礼を言っています。2がそれに合う返事です。

　　このように、だれがするかや、会話で使われる言い方などに注意して聞きます。

(1) This formula, ［見てくれない？］(*Won't you look for me?*), is a way of asking the listener to look at something, so 3 is the most fitting answer.

(2) Here, the person who has paid for a meal is being thanked. 2 is the best answer.

　In this way, you listen out for who is the agent and for common conversational formulae, etc.

(1)"見てくれない？" (Xem hộ cái được không?) là cách nói nhờ và người nghe xem cho một cái gì đó nên 3 là câu trả lời phù hợp.

(2) Nhân vật đang nói lời cảm ơn đối với người đã trả tiền cho mình bữa ăn. 2 là câu trả lời phù hợp.

　Vì vậy, ta chú ý lắng nghe xem ai là người thực hiện hành động cũng như các cách nói được sử dụng trong hội thoại.

<ruby>実<rt>じつ</rt>力<rt>りょく</rt>養<rt>よう</rt>成<rt>せい</rt>編<rt>へん</rt></ruby>

実力養成編

間違えやすい音
Sounds that are easy to get wrong　Những âm dễ bị nhầm

似ている音に気をつけて聞き分けましょう。

Listen closely to similar sounds to distinguish them.

Hãy chú ý đến những âm giống nhau khi nghe.

れい　てんき／でんき　　　　　いた／いった

びょういん／びょういん　　かつ／かず

おばさん／おばあさん　など

れんしゅう1-A　A 05

聞いてください。最初の言葉と同じものはどちらですか。

(れい) (　a　・　ⓑ　)

(1) (　a　・　b　)

(2) (　a　・　b　)

(3) (　a　・　b　)

(4) (　a　・　b　)

(5) (　a　・　b　)

(6) (　a　・　b　)

(7) (　a　・　b　)

(8) (　a　・　b　)

(9) (　a　・　b　)

(10) (　a　・　b　)

| 1-B | 音の高さ（アクセント） |

おと たか

音の高さ（アクセント）
Pitch accent　Cao độ của âm (trọng âm)

音の違いだけでなく、音の高さ（アクセント）もよく聞いて、文の中の言葉の意味を考え
ましょう。

Consider the meaning of words within the sentence while listening not just to the phonetic sound, but also the pitch accent.

Hãy nghe kỹ không chỉ là sự khác nhau của âm thanh mà còn cả cao độ của âm (trọng âm) và suy nghĩ về ý nghĩa của các từ có trong câu.

れんしゅう1-B 🅐06

聞いてください。どちらですか。

（れい）　わたしは（　ⓐ　あめ　　　b　雨　）が好きです。

(1)　（　a　きれいな　　　b　嫌いな　）物はありません。

(2)　（　a　いつか　　　b　5日　）、一緒に行きましょう。

(3)　きれいですよ。（　a　来てみて　　　b　着てみて　）ください。

(4)　小さい箱を（　a　使って　　　b　作って　）ください。

(5)　今日は暖かく（　a　なったね　　　b　なかったね　）。

(6)　これ、（　a　書いて　　　b　買って　）くれない？

(7)　あの人、（　a　また　　　b　まだ　）いますね。

(8)　練習は（　a　いつから　　　b　1から　）しますか。

(9)　その（　a　スープ　　　b　スプーン　）、ください。

(10)　（　a　リーさん、もうすぐ　　　b　リーさんも、すぐ　）来ますよ。

1　似ている音の聞き分け —— 13

返事のイントネーション（文の音の高さ）や音の長さも大切です。「はい」の意味の返事か「いいえ」の意味の返事かがわかります。

Intonation and vowel length used in the reply are important. They tell you whether an answer to a question is affirmative or negative.

Ngữ điệu của câu trả lời (độ cao của âm thanh có trong câu) hay độ dài của âm thanh đều rất quan trọng. Ta sẽ hiểu được đấy là câu trả lời mang ý nghĩa là "Có" hay là câu trả lời mang ý nghĩa là "Không".

◇相手の意見と同じかどうかを表す返事
Replies that express whether or not you have the same opinion as the other person　Câu trả lời có thể hiện giống với ý kiến của đối phương hay không

A07 れい1　このゲーム、面白いね。

【はい】		【いいえ】
うん	⇔	うーん
ええ	⇔	えー
そうだね	⇔	そうだねー／そう？
うん、これね	⇔	うーん、これねー

◇誘われたときの返事　Replies for when you are being invited to do something　Câu trả lời khi được rủ

A08 れい2　このビデオ、一緒に見ない？

【はい】		【いいえ】
うん	⇔	うーん／ううん
ええ	⇔	えー
いいよ	⇔	いいよ
あ、これね	⇔	あー、これねー

🖌 れんしゅう2　A09

会話を聞いてください。女の人の返事が「はい」の意味のときは○、「いいえ」の意味のときは×を書いてください。

（れい）　（　×　）

(1) （　　　）　　(2) （　　　）　　(3) （　　　）

(4) （　　　）　　(5) （　　　）　　(6) （　　　）

(7) （　　　）　　(8) （　　　）

家族(例：父・母、祖父・祖母)や、数(例：1人、2人)、時間(例：1時、1時間)など、よく使う言い方に注意しましょう。

You here focus on common formulae used with family members (father, mother, grandfather, grandmother), numbers (1 person, 2 persons), and time (1 o'clock, 1 hour), etc.

Hãy chú ý đến cách nói hay được sử dụng như gia đình (ví dụ: bố, mẹ, ông, bà) hay số lượng (ví dụ: một người, hai người) hoặc thời gian (ví dụ: 1 giờ, 1 tiếng) khi nghe.

れんしゅう3 A10

聞いてください。正しい答えはどちらですか。

(れい) （ ⓐ ・ b ）

(1) （ a ・ b ）

(2) （ a ・ b ）

(3) （ a ・ b ）

(4) （ a ・ b ）

(5) （ a ・ b ）

(6) （ a ・ b ）

(7) （ a ・ b ）

(8) （ a ・ b ）

(9) （ a ・ b ）

(10) （ a ・ b ）

問題形式と内容　Format and content of questions　Dạng đề và nội dung đề

絵を見ながら状況説明文(➡(矢印)の人の立場を説明する文)と質問を聞きます。それから、3つの選択肢を聞いて、➡(矢印)の人はどれを言ったらいいかを選びます。

| 絵を見ながら状況説明文と質問文を聞く | → | 3つの選択肢を聞く | → | 答えを選ぶ |

Listen to an explanation of the situation while looking at the pictures. Then listen to 3 possible answers and choose what the person indicated by the arrow should say.

| Listen to the explanation of the situation and the question while looking at the pictures | → | Listen to the 3 options | → | Choose your answer |

Vừa xem tranh vừa nghe câu thuyết minh tình huống (câu thuyết minh lập trường của người có đánh dấu ➡ (mũi tên)) và câu hỏi. Sau đó, nghe 3 phương án lựa chọn và chọn xem người có đánh dấu ➡ (mũi tên) nên nói như thế nào thì tốt.

| Vừa xem tranh vừa nghe câu thuyết minh tình huống và câu hỏi | → | Nghe 3 phương án lựa chọn | → | Chọn câu trả lời |

☑ **聞き取りのポイント**　Points to listen out for　Những điểm quan trọng cần nghe được

1　話す人と聞く人のどちらがするかに注意する

2　声をかけるときのいろいろな言い方に注意する

1　Work out who of the speaker and listener is the agent

2　Listen out for the various formulae used to draw attention

1　Chú ý nghe giữa người nói và người nghe thì ai sẽ là người làm

2　Chú ý đến nhiều cách nói khi đặt vấn đề

状況説明文を聞いて、場面を考えます。➡（矢印）の人と聞く人のどちらがするかに注意して聞きます。

Listen to the explanation of the situation and consider the circumstances. Listen to pick out who of the arrowed person and the listener is the agent.

Nghe câu giải thích tình huống và suy nghĩ ngữ cảnh. Khi nghe chú ý xem giữa người được đánh dấu ➡ (mũi tên) và người nghe thì ai là người làm.

1-A 状況説明文を聞いて、する人を考える
Listen to the explanation of the situation and consider who is the agent　Nghe câu giải thích tình huống và suy nghĩ đến người làm

◇状況説明文の例　Example of explanation of the situation　Ví dụ về câu giải thích tình huống

【話す人がする】　The speaker is the agent　Người nói làm

れい1　友達の本を読みたいです。（話す人が読む）

【話す人と聞く人がする】　The speaker and the listener are the agents　Người nói và người nghe làm

れい2　一緒に何か飲みたいです。（2人で飲む）

【聞く人がする】　The listener is the agent　Người nghe làm

れい3　友達に手伝ってもらいたいです。（聞く人が手伝う）

▨ れんしゅう1-A 🎧A11

状況説明文を聞いてください。だれがしますか。

(1) （ 話す人・聞く人 ）が話す

(2) （ 話す人・聞く人 ）が教える

(3) （ 話す人・聞く人 ）があげる

(4) （ 話す人・聞く人 ）が開ける

(5) （ 話す人・聞く人 ）が歌う

(6) （ 話す人・聞く人 ）が見せる

(7) （ 話す人・聞く人 ）が貸す

1-B する人を考えながら話を聞く

Listen to what is being said, while giving thought to the agent　Vừa nghe chuyện vừa suy nghĩ xem người làm là ai

◇状況説明文とそれに合う言い方の例

Explanation of the situation and examples of formulae that apply to it　Câu giải thích tình huống và ví dụ về cách nói tương ứng

【話す人がする】　The speaker is the agent　Người nói làm

状況説明文 Explanation of the situation Câu giải thích tình huống	状況 Circumstances Tình huống	言い方の例 Examples of formulae (verb-endings)　Ví dụ về cách nói
友達の本を読みたいです。	許可をもらう Receive permission Xin phép	この本、借りてもいいですか。 ／借りてもいい？ この本、読んでみたいんですが。 ／読んでみたいんだけど。
新しい電池が欲しいです。	情報をもらう Receive information Xin thông tin	電池、ありますか。／ある？ 電池、ありませんか。／ない？ 電池、どこで買えますか。／どこで買える？

【話す人と聞く人が一緒にする】　The speaker and listener act together as agents　Người nói và người nghe cùng làm

一緒に何か飲みたいです。	誘う Invite Mời rủ	何か飲みませんか。／何か飲まない？ 何か飲みましょう（か）。／何か飲もう（か）。

【聞く人がする】　The listener is the agent　Người nghe làm

友達に手伝ってもらいたいです。	お願いや指示をする Make requests or give instructions Nhờ và hoặc chỉ thị	手伝ってください。／手伝って。 手伝ってもらえますか。／手伝ってもらえる？ 手伝ってもらえませんか。／手伝ってもらえない？ 手伝ってくれませんか。／手伝ってくれない？

れんしゅう1−B ⒜12

絵を見ながら質問を聞いてください。➡(矢印)の人は何と言いますか。合うものに○を、合わないものには×を書いてください。

(1)　a (　　　)　b (　　　)　c (　　　)

(2)　a (　　　)　b (　　　)　c (　　　)

(3)　a (　　　)　b (　　　)　c (　　　)

(4)　a (　　　)　b (　　　)　c (　　　)

助けてもらうために自分の問題を説明するとき、相手の問題に気がついて知らせるとき、相手にアドバイスや申し出をするときの言い方に注意します。

Listen out for formulae used for explaining a problem you have yourself and need help with, for indicating that you have noticed a problem with another person, or for giving advice to or offering to do something for another person.

Chú ý đến cách nói khi giải thích vấn đề của mình để xin sự giúp đỡ, khi phát hiện ra vấn đề của đối phương và thông báo cho đối phương biết, khi đưa ra lời khuyên hay lời đề nghị đối phương.

◇助けてもらうために自分の問題を知らせる

Give notice of a problem you have yourself, with the aim of getting help　Thông báo vấn đề của mình để xin giúp đỡ

状況説明文 Explanation of the situation　Câu giải thích tình huống	言い方の例 Example of formulae (verb-endings, etc.)　Ví dụ về cách nói
コピー機が壊れています。	コピー機が動かないんですが。
漢字が読めません。	漢字の読み方がわからないんですが。
レストランではしを落としました。	はしを落としたんですが。

◇相手の問題に気がついて知らせる

Give notice that you have noticed a problem with another person　Phát hiện ra vấn đề của đối phương và thông báo

友達の消しゴムが友達のいすの下にあります。	消しゴム、いすの下に落ちてるよ（ているよ）。
友達のシャツが汚いです。	シャツが汚れてるよ（ているよ）。
映画館で男の人がたばこを吸う場所を探しています。	たばこは外で吸えますよ。 たばこはここでは吸えませんよ。

◇相手にアドバイスや申し出をする

Give advice to, or offer to do something for, another person　Đưa ra lời khuyên hoặc lời đề nghị đối phương

ベンチが汚れています。	そこには座らないほうがいいよ。
あと5分で電車が出ます。	急いだほうがいいですね。
友達が風邪を引きました。	薬を買ってこようか。

▨ れんしゅう2 Ⓐ13

絵を見ながら質問を聞いてください。➡（矢印）の人は何と言いますか。合うものに○を、
合わないものには×を書いてください。

(1)　a (　　　)　b (　　　)　c (　　　)

(2)　a (　　　)　b (　　　)　c (　　　)

(3)　a (　　　)　b (　　　)　c (　　　)

(4)　a (　　　)　b (　　　)　c (　　　)

(5)　a (　　　) 　b (　　　) 　c (　　　)　　　　(6)　a (　　　) 　b (　　　) 　c (　　　)

(7)　a (　　　) 　b (　　　) 　c (　　　)　　　　(8)　a (　　　) 　b (　　　) 　c (　　　)

✳ かくにん　もんだい　A 14

　えを　見_みながら　しつもんを　聞_きいて　ください。➡（やじるし）の　人_{ひと}は　何_{なん}と　言_いいますか。１から３の　中_{なか}から、いちばん　いい　ものを　一_{ひと}つ　えらんで　ください。

(1)　| 1 | 2 | 3 |

(2)　| 1 | 2 | 3 |

(3)

| 1 | 2 | 3 |

(4)

| 1 | 2 | 3 |

(5)

1	2	3

問題形式と内容　Format and content of questions　Dạng đề và nội dung đề

質問、報告、お願い、あいさつなどの短い文を聞いたあと、すぐにそれに合う答え方を考えます。

短い文を聞く　→　3つの選択肢を聞く　→　答えを選ぶ

Think of an immediate and fitting response after listening to a question, report, request, greeting or other short utterance.

Listen to the short utterances → Listen to the 3 options → Select response

Sau khi nghe một câu ngắn dạng câu hỏi, câu báo cáo, câu nhờ vả, câu chào hỏi, v.v. thì nghĩ ngay ra câu trả lời phù hợp.

Nghe câu ngắn → Nghe 3 phương án lựa chọn → Lựa chọn câu trả lời

---

☑ **聞き取りのポイント**　Points to listen out for　Những điểm quan trọng cần nghe được

1　間違えやすい表現に注意する

2　会話でよく使われる表現に注意する

1　Listen out for formulae that are easy to get wrong
2　Listen out for formulae commonly used in conversation

1　Chú ý đến những cách nói dễ bị nhầm lẫn
2　Chú ý đến những cách nói hay được sử dụng trong hội thoại

1-A　だれがするかに注意する
Listen out for who the agent is　Chú ý xem ai là người làm

誘いや申し出などの文は、だれがするかを考えて、いい返事を選びます。

Give thought to who is the agent in sentences in which somebody invites or offers to help somebody else, etc., and choose a suitable response.

Suy nghĩ xem ai sẽ là người làm và lựa chọn câu trả lời hay đối với dạng câu mời rủ, đề nghị, v.v.

表現 Verb-ending　Cách nói	意味 Meaning　Ý nghĩa	する人 Agent　Người làm	会話例 Examples of dialogue　Hội thoại ví dụ
～ましょう（か） ～（よ）う（か）	申し出 Making an offer (of help) Lời đề nghị	話す人	A：手伝いましょうか。 ／手伝おうか。 B：すみません。
	誘い・提案 Making an invitation or proposal Mời rủ/đề xuất	一緒に	A：あそこに座りましょう（か）。 ／座ろう（か）。 B：うん、そうだね。
～ませんか ～ない？	勧め Making a recommendation Lời khuyên	聞く人	A：この本、読みませんか。 ／読まない？ B：じゃ、読みます。
	誘い・提案 Making an invitation or proposal Mời rủ/đề xuất	一緒に	A：テニス、しませんか。 ／しない？ B：うん、しよう。

れんしゅう1-A　A15

文を聞いて、いい返事を選んでください。

（れい）　（　a　・　ⓑ　）

(1)　（　a　・　b　）　　(2)　（　a　・　b　）

(3)　（　a　・　b　）　　(4)　（　a　・　b　）

(5)　（　a　・　b　）　　(6)　（　a　・　b　）

(7)　（　a　・　b　）　　(8)　（　a　・　b　）

質問の表現と形が違う返事に注意する

Listen out for answers which do not repeat the grammatical form of the original question

Chú ý đến câu trả lời có hình thức khác với cách cách nói của câu hỏi

返事の文の表現が、質問の文と同じではないこともあります。間違えやすい答え方やよく使う答え方に注意しましょう。

Sometimes, replies and questions do not use the same grammatical form. Listen out for ways of responding that are easy to get wrong, and for frequently heard types of answer.

Cũng có khi cách nói của câu trả lời không giống với câu hỏi. Nên chúng ta hãy chú ý đến cách trả lời dễ bị nhầm lẫn hoặc cách trả lời hay sử dụng.

表現 Verb-ending　Cách nói	会話例　（×正しくない例） Examples of dialogue (× indicates an incorrect example) Hội thoại ví dụ (× ví dụ không đúng)
A：（もう）〜ましたか。 B：はい、〜てあります。 　　いいえ、（まだ）〜ていません。 　　〜ておきます。	A：ホテルはもう予約した？ B：うん、予約してあるよ。 　　ううん、まだ予約してない。 　　　　（×予約しなかった） 　　いえ、後で予約しておきます。
A：知っていますか。 B：いいえ、知りません。	A：この映画、知っていますか。 B：いいえ、知りません。（×知っていません）
A：〜たことがありますか。 B：はい、（時）、〜ました。	A：京都へ行ったこと、ある？ B：うん、去年、行った。 　　　　（×行ったことあった）
A：〜てもいいですか。 B：いいえ、〜ないでください。	A：エアコン、消してもいいですか。 B：あー、消さないでください。 　　　　（×消さなくてもいいです）
A：〜なくてもいいですか。 B：いいえ、〜てください。	A：あした、来なくてもいいですか。 B：いえ、来てください。（×来てもいいです）
A：〜なくてはいけませんか。 B：いいえ、〜なくてもいいです。	A：薬、飲まなくてはいけませんか。 B：いえ、飲まなくてもいいです。 　　　　（×飲んではいけません）

れんしゅう1−B

文を聞いて、いい返事を選んでください。

(1) （　　a　・　b　）

(2) （　　a　・　b　）

(3) （　　a　・　b　）

(4) （　　a　・　b　）

(5) （　　a　・　b　）

(6) （　　a　・　b　）

(7) （　　a　・　b　）

(8) （　　a　・　b　）

2-A 会話でよく使われる表現
Formulae commonly used in conversation　Những cách nói hay được sử dụng trong hội thoại

省略や丁寧な表現など、会話でよく使う表現に注意します。

Listen out for formulae commonly used in conversations, such as abbreviations and polite forms.

Chú ý đến những cách nói hay được sử dụng trong hội thoại dạng như cách nói rút gọn hoặc cách nói lịch sự, v.v..

会話でよく使う表現 Formulae commonly used in conversation Cách nói hay được sử dụng trong hội thoại	普通の表現 General formulae Cách nói bình thường	会話例 Examples of dialogue　Hội thoại ví dụ
～の？ ～んだ。	～んですか。 ～んです。	A：どうして国へ帰るの？ B：兄の結婚式があるんだ。
～みたい。	～ようだ。	A：道を間違えたみたい。 B：もう一度地図を見てみよう。
～て。	～てください。	A：ちょっと、来て。 B：どうしたの？
～ないで。	～ないでください。	A：危ないから、入らないで。 B：ごめんなさい。
～ないと。	～なければならない。	A：ちょっと急がないと。 B：そうだね。
なんで	どうして	A：なんで来なかったの？ B：熱があったから。
どちら	どこ	A：もしもし、今、どちらですか。 B：郵便局です。
（お）いくつ	何歳	A：はなちゃんは、今、いくつですか。 B：3つ／3歳です。

▨ れんしゅう2−A

文を聞いて、いい返事を選んでください。

(1) （ a ・ b ）

(2) （ a ・ b ）

(3) （ a ・ b ）

(4) （ a ・ b ）

(5) （ a ・ b ）

(6) （ a ・ b ）

(7) （ a ・ b ）

(8) （ a ・ b ）

2-B あいさつなどの表現
Greetings and similar terms　Cách nói chào hỏi

あいさつなど、よく使われる表現と、その返事に注意します。

Listen out for commonly used terms such as greetings, and replies to them.

Chú ý đến những cách nói hay được sử dụng như câu chào hỏi, v.v và chú ý đến câu trả lời.

始めの文 Greetings or introductory remarks　Câu mở đầu		返事の文の例 Examples of replies　Câu trả lời ví dụ
会ったときに元気かどうか聞く	A：お元気ですか。	B：ええ、おかげさまで。
長い間会っていなかった人に会う	A：お久しぶりです。	B：ああ、お元気でしたか。
会社でほかの人より先に帰る	A：お先に失礼します。	B：お疲れさまでした。
病気やけがだと話す	A：風邪を引いてしまって……。	B：お大事に。
お世話になった人と別れる	A：今までお世話になりました。	B：では、お元気で。
客をうちに入れる	A：いらっしゃい。どうぞ。	B：おじゃまします。
客にいすに座るように勧める	A：どうぞおかけください。	B：失礼します。
食事のお金を払ってくれた人・作ってくれた人にお礼を言う	A：どうもごちそうさまでした。	B：どういたしまして。
少しあとの楽しいことに誘う	A：今度食事に行きましょう。	B：はい、楽しみにしています。
楽しかったこと・よかったことを話す	A：旅行、とても楽しかった。	B：それはよかったね。
大変だったことを話す	A：大雨で電車が止まっていたんです。	B：それは大変でしたね。
今都合がいいかどうか聞く	A：今、時間ありますか。	B：ええ、何でしょうか。

れんしゅう2-B

文を聞いて、いい返事を選んでください。

(1) （ a ・ b ）

(2) （ a ・ b ）

(3) （ a ・ b ）

(4) （ a ・ b ）

(5) （ a ・ b ）

(6) （ a ・ b ）

(7) （ a ・ b ）

(8) （ a ・ b ）

✳️ かくにん　もんだい 🎧(A19)

　この　もんだいでは、えなどが　ありません。まず　ぶんを　聞いて　ください。それから、その　へんじを　聞いて、1から3の　中から、いちばん　いい　ものを　一つ　えらんで　ください。

(1) | 1 | 2 | 3 |
|---|---|---|

(2) | 1 | 2 | 3 |
|---|---|---|

(3) | 1 | 2 | 3 |
|---|---|---|

(4) | 1 | 2 | 3 |
|---|---|---|

(5) | 1 | 2 | 3 |
|---|---|---|

問題形式と内容
もんだいけいしきないよう

Format and content of questions　Dạng đề và nội dung đề

少し長い話から指示や提案などを聞き取って、これからどうするかを考えます。選択肢
すこながはなししじていあんききとかんがせんたくし
(文字か絵)を見ながら話を聞きます。
もじえみはなしき

状況説明文と質問文を聞く	→	話を聞く	→	もう一度質問文を聞く

→ 選択肢 (文字か絵) から答えを選ぶ
せんたくしもじえこたえら

In these questions, you listen out for instructions and proposals, etc. in longer dialogues, and consider what is subsequently to be done. Listen to the dialogues while looking at the options (text or image).

Listen to the explanations of circumstances and the question	→	Listen to what is said	→	Listen again to the question

→ Make your choice from the options (text or image)

Nghe được câu chỉ thị hoặc phương án đề xuất, v.v. từ một cuộc nói chuyện hơi dài một chút và suy nghĩ xem sau đây sẽ phải làm gì. Vừa xem các phương án lựa chọn (thể hiện bằng chữ viết hoặc hình vẽ) vừa nghe chuyện.

Câu giải thích tình huống và câu hỏi	→	Nghe chuyện	→	Nghe lại câu hỏi một lần nữa

→ Lựa chọn câu trả lời từ các phương án lựa chọn (bằng chữ viết hoặc bằng hình vẽ)

☑ **聞き取りのポイント**　Points to listen out for　Những điểm quan trọng cần nghe được
ききと

1　指示や提案などを注意して聞いて、どうするかを考える
しじていあんちゅういきかんが

2　最後まで話を聞いてから、実際にすることを考える
さいごはなしきじっさいかんが

　　1　Listen out for instructions and proposals, etc. and consider what is to be done
　　2　After listening to the text to the end, think about what is actually to be done

　　1　Chú ý nghe phần chỉ thị hoặc phương án đề xuất rồi suy nghĩ sẽ phải làm gì
　　2　Nghe hết câu chuyện và suy nghĩ về việc sẽ làm trên thực tế

1 指示や提案などを注意して聞いて、どうするかを考える

Listen out for instructions and proposals, etc. and consider what is to be done　Chú ý nghe phần chỉ thị hoặc phương án đề xuất rồi suy nghĩ sẽ phải làm gì

話の中に指示や提案などの言い方が出てきたら、注意して聞きます。

Listen out for instruction, proposal or other formulae in what is said.

Nếu trong câu chuyện có xuất hiện cách nói dạng như chỉ thị hay phương án thì chú ý nghe.

する人 Agent　Người làm	例文 Example sentences　Ví dụ
聞く人	ここに名前を書いてください。 ／ここに名前を書いて。
	作り方を教えてくれませんか。 ／作り方を教えてくれない？
	掃除してもらえますか。　　　／掃除してもらえる？ 運んでもらえませんか。　　　／運んでもらえない？
	知らせたほうがいいですよ。 ／知らせたほうがいいよ。
	カップをあげたらどうですか。／カップをあげたらどう？ カップはどうですか。　　　　／カップはどう？
	スピーチしてみませんか。　　／スピーチしてみない？
話す人	何か買ってきましょうか。　　／何か買ってこようか。 この荷物、持ちますよ。　　　／この荷物、持つよ。

指示や提案にどんな返事をしているかにも注意します。

・指示・提案など　＋　「はい」の意味の返事　　→　すること
・指示・提案など　＋　「いいえ」の意味の返事　→　しなくてもいいこと

Listen out also for the kind of response given to the instructions or proposals.

Instructions or proposals, etc. + affirmative response → thing to be done

Instructions or proposals, etc. + negative response　　→ thing that does not have to be done

Cũng cần chú ý xem người ta trả lời khi có chỉ thị hoặc phương án đề xuất như thế nào.

-Chỉ thị/phương án đề xuất/v.v. + câu trả lời mang nghĩa "Có"　　→ Việc sẽ làm

-Chỉ thị/phương án đề xuất/v.v. + câu trả lời mang nghĩa "Không" → Việc không cần làm cũng được

「はい」の意味の返事 Answers with affirmative meaning　Câu trả lời mang nghĩa "Có"	「いいえ」の意味の返事 Answers with negative meaning　Câu trả lời mang nghĩa "Không"
いいね／うん／わかった／そうします／ そうだね／（うん、）いいよ／じゃ、お願い／ ありがとう	うーん／あー／そうかなあ／いえ／えー／ それはちょっと／（それは）いいよ／ （それは）だめだよ／やめたほうがいいよ

イントネーション（文の音の高さ）も、「はい」の意味か「いいえ」の意味かを知るために大切です。（→p.14）

Intonation is also an important indicator of whether the meaning is affirmative or negative. (→p.14)

Ngữ điệu (sự cao giọng của thanh trong câu) cũng quan trọng để nhận biết câu nói mang nghĩa "Có" hay mang nghĩa "Không". (→Trang 14)

会話を聞いてください。男の人はどうしますか。

(1)　牛乳を　（　ａ　買う　　　ｂ　買わない　）
(2)　女の人を（　ａ　手伝う　　　ｂ　手伝わない　）

こたえ (1) b　　(2) a

(1) 男の人が牛乳を買ってくるかどうか聞きましたが、女の人は「あー、いいよ」と言っています。これは、「いいえ」の意味の返事です。つまり、買ってこなくてもいいと言っています。

(2) 「〜てくれない?」はこれからすることをお願いする言い方で、男の人はそれに「うん、いいよ」、つまり、手伝うと言っています。

(1) The man asks if he should buy some milk, and the woman says [あー、いいよ] (*It's alright*). This is a negative answer. In other words, it means it does not matter if he does not buy any.

(2) [〜てくれない?] (*Won't you ~ for me?*) is a way of expressing a future request. The man replies to this with [うん、いいよ] (*Um, alright*). This is an affirmative answer. He is saying he will help out.

(1) Nhân vật nam hỏi là có đi mua sữa hay không nhưng nhân vật nữ nói " あー、いいよ " (Ồ, được rồi). Câu này là câu trả lời với nghĩa "Không". Tức là, nhân vật nữ nói là không cần mua cũng được.

(2) "〜てくれない? " (~ giúp tôi được không?) là cách nói nhờ vả ai đó sau đây làm một việc gì đó và nhân vật nam nói là " うん、いいよ " (Ừ, được thôi), tức là anh ta sẽ giúp.

スクリプト

(1) 男：コンビニに行くんだけど、牛乳、買ってこようか。

　　女：あー、いいよ。まだ1本あるから、大丈夫。

(2) 女：ねえ、ここに本棚を置きたいんだけど、ちょっと手伝ってくれない?

　　男：うん、いいよ。

れんしゅう1 (A 21)

会話を聞いてください。男の人はどうしますか。

(1) いすを（　a　借りる　　　　b　借りない　）

(2) はさみを（　a　使う　　　　b　持ってくる　）

(3) 小説を（　a　書く　　　　b　読む　）

(4) 先輩に（　a　相談する　　　　b　相談しない　）

(5) （　a　簡単な地図を　　　　b　複雑な地図を　）かく

(6) 手伝いに（　a　行く　　　　b　行かない　）

(7) （　a　箱を　　　　b　パソコンを　）運ぶ

2　最後まで話を聞いてから、実際にすることを考える

After listening to the text to the end, think about what is actually to be done　Nghe hết câu chuyện và suy nghĩ về việc sẽ làm trên thực tế

何をするかの話のあとで、また新しい話が出てきて、実際にすることが変わることがあります。最後まで聞いてから、何を先にするか、何が大切か、実際にどうするかを考えます。

After discussing what is to be done, the conversation heads in a new direction. Sometimes, what is actually to be done changes. After listening to the text to the end, think about what should be done first, what is important, and how to actually go about it.

Sau cuộc nói chuyện về việc sẽ làm cái gì thì thường sẽ lại xuất hiện một câu chuyện mới và việc sẽ làm trên thực tế sẽ thay đổi. Sau khi nghe hết câu chuyện, ta sẽ suy nghĩ xem sẽ làm cái gì trước, cái gì là quan trọng và thực tế sẽ làm như thế nào.

◇新しい話を表す言い方　Formulae for taking a conversation in a new direction　Cách nói biểu thị về một câu chuyện mới

あ、でも、……／それから・あと、……／それより……／

あ、ちょっと待って。……／あの、～んですが・～ですけど、……　　　など

どちらのことを先にするかにも注意して聞きましょう。

Listen out also for what is to be done first.

Hãy chú ý lắng nghe cả việc nhân vật sẽ làm cái gì trước.

◇順序を表す言い方　Formulae that express sequence　Cách nói biểu thị thứ tự

～前に…／～あとで…／～たら…／～てから…／先に・まず／それから・次に・そのあと

など

れい　　　　　　　　　　　　　　　　　　　　　　　〈先にすること〉

出かける前に電話してください。　　　　　　　　　　　　　電話する

食べたあとでこの薬を飲んでください。　　　　　　　　　　食べる

名前を書いたら受付に出してください。　　　　　　　　　　名前を書く

予約してから来てください。　　　　　　　　　　　　　　　予約する

先にお金を払ってください。それからバスに乗ってください。　お金を払う

まず話を聞いて、次にビデオを見ます。　　　　　　　　　　話を聞く

★ れいだい2 　🎧A22

会話を聞いて、正しい答えを1つ選んでください。

　　a　発音に気をつける

　　b　スピーチを短くする

　　c　大きい声で話す練習をする

こたえ C

学生は発音を心配していますが、先生は「きれいだから、大丈夫」と言っています。そして、学生は「短くしたほうがいいですか」と聞いていますが、先生は「ちょうどいい」と答えています。大切なことは「それより」のあとの「大きい声で練習すること」です。

The student is worried about pronunciation, but the teacher says［きれいだから、大丈夫］(*It sounds good, so it's OK*). Then the student asks,［短くしたほうがいいですか］(*Should I shorten it?*). The teacher replies it is［ちょうどいい］(*That's just right*). The important thing is［大きい声で練習すること］(*practice in a loud voice*) after［それより］(*rather than that*).

Người sinh viên tỏ ra lo lắng về phát âm của mình nhưng người thầy nói rằng: "きれいだから、大丈夫" (Em phát âm tốt, không sao!). Tiếp theo, sinh viên hỏi rằng: "短くしたほうがいいですか" (Có nên cho ngắn lại không ạ?) nhưng người thầy trả lời rằng: "ちょうどいい" (vừa đủ). Điều quan trọng "それより" (hơn cái đó) là "大きい声で練習すること" (luyện nói to).

スクリプト

学校で先生と学生が話しています。学生はこれから何をしなければなりませんか。

先生：リンさん、来週のスピーチ、もう練習しましたか。

学生：はい。発音が少し心配です。

先生：リンさんの発音はきれいだから、大丈夫ですよ。

学生：ありがとうございます。長さは大丈夫でしょうか。もう少し短くしたほうがいいですか。

先生：長さもちょうどいいですよ。それより、大きい声で練習することのほうが大切です。リンさんの声はいつも小さいですから。

学生：はい、わかりました。

学生はこれから何をしなければなりませんか。

▨ れんしゅう2

話を聞いて、正しい答えを1つ選んでください。

(1) （A23） a 店に電話する
　　　　　 b 新しいのを買う
　　　　　 c 電気屋で見てもらう

(2) （A24） a 3枚
　　　　　 b 4枚
　　　　　 c 5枚

(3) （A25） a 野菜を洗う
　　　　　 b 肉を切る
　　　　　 c 卵を焼く

(4) （A26） a 料理を並べる
　　　　　 b 皿とコップを並べる
　　　　　 c いすを運ぶ

(5) （A27） a 紙に名前や時間を書く
　　　　　 b 駅に行く
　　　　　 c 交番に行く

(6) （A28） a 駅の前
　　　　　 b スーパー
　　　　　 c コーヒーショップ

✿ かくにん　もんだい　(A 29)

　まず　しつもんを　聞_きいて　ください。それから　話_{はなし}を　聞_きいて、もんだいようしの　1 から4の　中_{なか}から、いちばん　いい　ものを　一_{ひと}つ　えらんで　ください。

(1)　(A 30)

(2)　(A 31)　　1　12時_じごろ　電話_{でんわ}を　かける
　　　　　　2　12時半_{じはん}ごろ　電話_{でんわ}を　かける
　　　　　　3　12時_じごろ　電話_{でんわ}を　まつ
　　　　　　4　12時半_{じはん}ごろ　電話_{でんわ}を　まつ

(3) A 32

1

4

日	月	火	水	木	金	土
3	4	5	6	7	①	2
3	4	5	6	7	8	9
10	11	12	13	14	15	16
17	18	19	20	21	22	23
24	25	26	27	28	29	30

2

4

日	月	火	水	木	金	土
					1	2
3	4	5	6	7	⑧	9
10	11	12	13	14	15	16
17	18	19	20	21	22	23
24	25	26	27	28	29	30

3

4

日	月	火	水	木	金	土
					1	2
3	4	5	6	7	8	9
10	11	12	13	14	⑮	16
17	18	19	20	21	22	23
24	25	26	27	28	29	30

4

4

日	月	火	水	木	金	土
					1	2
3	4	5	6	7	8	9
10	11	12	13	14	15	16
17	18	19	20	21	㉒	23
24	25	26	27	28	29	30

(4) A 33

1 1時間半

2 2時間

3 2時間半

4 3時間

(5) A 34

1 ものを はこに 入れる

2 ガスと 電気を とめる

3 すいどうの かいしゃに れんらくする

4 かぎを かえす

Ｖ 「ポイント理解」のスキルを学ぶ

Skills acquisition: Understanding specific points　Học kỹ năng "Hiểu ý chính"

問題形式と内容　Format and content of questions　Dạng đề và nội dung đề

理由、時間、場所、方法など、質問文で聞かれたポイントを聞き取ります。最初に選択肢（文字）を読む時間があります。

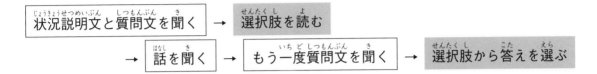

状況説明文と質問文を聞く → 選択肢を読む
→ 話を聞く → もう一度質問文を聞く → 選択肢から答えを選ぶ

Listen out for specific points from questions on reasons, times, places and methods, etc. from longer dialogues. You will have time to read the options in advance before the dialogues (in text form).

Listen to the explanation of the situation and the question → Read the options
→ Listen to the dialogue → Check the question again → Choose your answer from the options

Nghe để nắm được những ý chính thể hiện ngay trong câu hỏi chẳng hạn như lý do, thời gian, địa điểm, phương pháp, v.v.. Lúc đầu tiên có dành ra một thời lượng để thí sinh đọc các phương án lựa chọn (bằng chữ)

Nghe câu giải thích tình huống và câu hỏi → Đọc các phương án lựa chọn
→ Nghe câu chuyện → Nghe lại câu hỏi một lần nữa → Lựa chọn câu trả lời từ các phương án lựa chọn

---

☑ 聞き取りのポイント　Points to listen out for　Những điểm quan trọng cần nghe được

1　質問文の中のキーワードに注意する
2　後から言う内容が本当の答えになる場合に注意する

1　Listen out for keywords in questions
2　Listen out for cases where what is said later is the real answer

1　Chú ý đến từ khóa có trong câu hỏi
2　Chú ý trường hợp nội dung nói ở đằng sau sẽ trở thành câu trả lời thực sự

質問文を聞いて、注意して聞かなければならない言葉（キーワード）を考えます。話の中にその言葉と同じ意味の言葉が出てくることがあります。質問文の中のキーワードがわかれば、話の中の答えが聞きやすくなります。

れい　質問文：女の人は子どものとき、何になりたかったですか。

質問文の「女の人」「子どものとき」がキーワードです。話の中には「男の人」や「今」など、ほかのことの説明もあるかもしれませんが、「女の人」「子どものとき」に注意して、「何になりたかった」かを聞きます。

Listen to the question and work out what keywords you have to listen out for. There are cases where the same meaning is expressed using different wordings. If you understand the keyword in the question, it becomes easier to pick out the answer in the dialogue.

Example) Question: What did the woman want to be when she was a child?
[女の人] (woman) and [子どものとき] (childhood) are the keywords in the question. Other terms may be used in the dialogue, such as [男の人] (man) or [今] (now). Listen out for [何になりたかった] (What did ~ want to be) while paying attention to [女の人] (woman) and [子どものとき] (childhood).

Nghe câu hỏi rồi suy nghĩ đến những từ phải chú ý lắng nghe (từ khóa). Có khi xuất hiện những từ có ý nghĩa giống với những từ có trong cuộc nói chuyện. Nếu hiểu được những từ khóa có trong câu hỏi thì sẽ dễ dàng nghe được câu trả lời trong cuộc nói chuyện.

Ví dụ) Câu hỏi: Người nữ hồi bé muốn trở thành ai?
"女の人" (người nữ), "子どものとき" (hồi bé) có trong câu hỏi là những từ khóa. Trong cuộc nói chuyện còn có thể có cả lời giải thích về cái khác như "男の人" (người nam), "今" (bây giờ), v.v. nhưng chúng ta cần chú ý đến chỗ "女の人" (người nữ) và "子どものとき" (hồi bé) để nghe xem "何になりたかった" (muốn làm gì).

★ れいだい1　(A 35)

状況説明文と質問文を聞いてから、選択肢を読んでください。それから＿＿＿にメモを書きながら話を聞いて、答えを1つ選んでください。

メモ

a　サッカー

b　スキー

c　テニス

こたえ c

　質問文のキーワード「女の人」「学生のとき」に注意して、「どんなスポーツ」をしていたかを聞きます。サッカーは「子どものとき、ずっとやってた」ことで、スキーは「してみたい」ことです。「大学で」「テニスクラブに入ってた」と言っていますから、答えはcです。「大学で」は質問文の「学生のとき」と同じ意味の言葉です。

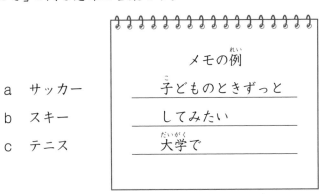

メモの例

a　サッカー　　　子どものときずっと

b　スキー　　　　してみたい

c　テニス　　　　大学で

Listen to the dialogue, focusing on the keywords [女の人] (*woman*) and [学生のとき] (*student days*) in the question, to work out [どんなスポーツ] (*which sport*) is meant. Regarding soccer, she says [子どものとき、ずっとやってた] (*In childhood I always used to play it*), and skiing is what she wants to try. Because she says [テニスクラブに入ってた] (*I joined a tennis club*) [大学で] (*at university*), the answer is c. [大学で] (*at university*) has the same meaning as [学生のとき] (*student days*) in the question.

Chú ý đến các từ khoá của câu hỏi là "女の人" (người nữ), "学生のとき"(thời sinh viên) để nghe xem nhân vật đã từng chơi "どんなスポーツ" (môn thể thao nào). Bóng đá là môn thể thao mà "子どものとき、ずっとやってた" (hồi bé chơi suốt) và trượt tuyết là môn "muốn chơi thử xem thế nào". Nhân vật nói rằng "大学で" (ở trường đại học) "テニスクラブに入ってた" (đã gia nhập câu lạc bộ ten-nít) nên câu trả lời sẽ là phương án c. "大学で" (trong trường đại học) là cụm từ có nghĩa giống với cụm từ "学生のとき" (thời sinh viên).

スクリプト

男の人と女の人が話しています。女の人は学生のとき、どんなスポーツをしていましたか。

男：田中さん、サッカーが上手なんだねー。

女：ああ、子どものとき、ずっとやってたから。鈴木君は何かスポーツ、やってた？

男：僕は、学生のとき、スキーをやってた。

女：え、本当？　わたしは大学では、テニスクラブに入ってたんだけど、スキーもずっとやってみたかったんだ。

男：じゃ、今度、教えてあげるよ。

女の人は学生のとき、どんなスポーツをしていましたか。

🎞 れんしゅう1

状況説明文と質問文を聞いてから、選択肢を読んでください。それから＿＿＿＿にメモを書きながら話を聞いて、答えを1つ選んでください。

【メモ】

(1) (A36) a 眠れなくなるから

b 体の具合が悪くなるから

c 味が好きではないから

_____
_____
_____
_____

(2) (A37) a 朝9時から夜7時まで

b 朝9時から夜9時まで

c 朝8時から夜9時まで

_____
_____
_____
_____

(3) (A38) a アメリカ

b 大阪

c 沖縄

_____
_____
_____
_____

(4) (A39) a 公園で花を見る

b 科学館へ行く

c 水族館で魚を見る

_____
_____
_____
_____

(5) (A40) a 700円

b 600円

c 500円

_____
_____
_____
_____

(6) (A41) a ジョギングをする

b プールで泳ぐ

c バスに乗らないで歩く

_____
_____
_____
_____

1つの話に相手が「いいえ」という意味の返事をしたとき、そのあとに本当の答えを言うことがあります。そのあとの話を注意して聞いて、正しい答えを考えます。（→p.36表）

Sometimes, when a speaker replies to a question in the negative, the real answer comes later. Listen, paying attention to the subsequent exchanges, and consider the correct response. (→ table on p36)

Thường hay có trường hợp khi đối phương có câu trả lời với nghĩa "Không" trong cuộc nói chuyện thì sau đó sẽ nói câu trả lời thực sự. Ta chú ý lắng nghe phần nói chuyện đẳng sau đó để suy nghĩ câu trả lời đúng. (→ Bảng trang 36)

◇「いいえ」＋ほかの答えがあることを表す言い方
A negative + formulae that express the existence of another answer　"Không" + Cách diễn đạt một sự việc có câu trả lời khác

太い字は話している人が言いたいこと
Boldfaced text is what the speaker wants to say　Chữ in đậm là điều mà người nói muốn nói

れい

・A：今の部屋、不便だから、引っ越すんですか。

　B：<u>いえ</u>、<u>そうじゃないんですけど</u>、**夜、うるさいんです。**

・A：アルバイト、大変？

　B：<u>いや</u>、<u>仕事は難しくないよ</u>。<u>でも</u>、**あまりお金がもらえないんだよね。**

・A：今朝、どうして遅れたの？　朝、起きられなかったの？

　B：<u>ううん</u>。**電車が止まってたんだ。**

・A：タクシーに乗りましょうか。

　B：あ、<u>でも</u>、<u>近いし</u>、<u>天気もいいから</u>、**歩きましょうよ。**

・A：プレゼント、毎日使えるから、カップにする？

　B：<u>あー、カップねー</u>。毎日使う物なら時計はどう？

　A：時計もいいね。うーん、<u>でもやっぱり</u>、**カップ**<u>にしない？</u>

⭐ れいだい2　A42

状況説明文と質問文を聞いてから、選択肢を読んでください。それから話を聞いて、正しい答えに○、正しくない答えに×を書いてください。

　　　a　女の人のおばさん　　（　　　　）

　　　b　女の人のおばあさん　（　　　　）

　　　c　男の人のおばさん　　（　　　　）

こたえ a × b ◯ c ×

質問文のキーワード「来週」に注意して、「だれの誕生日」かを聞きます。女の人は「来週」は「おばあさん」の「お祝い」と言いましたが、男の人は「おばさん」と聞き間違えました。女の人は「ううん、おばさんじゃなくて」と言ってから「祖母」というほかの言葉で説明しています。「祖母の77歳の誕生日」ですから、bが正しい答えです。男の人のおばさんの誕生日は来週ではありませんから、正しい答えではありません。

Listen to the dialogue, focusing on the keywords [来週] (*next week*), to work out [だれの誕生日] (*Whose birthday?*) is meant. The woman says [来週] (*next week*) is [おばあさん] (*grandmother's*) [お祝い] (*celebration*), but the man mishears [おばあさん] (*grandmother*) as [おばさん] (*aunt*). The woman says [ううん、おばさんじゃなくて] (*Uh-uh, not auntie's*) and uses a different wording for [祖母] (*grandmother*). [祖母の77歳の誕生日] (*Because it is grandmother's 77th birthday*), b is the correct answer. Because the birthday of the man's aunt is not next week, it is a wrong answer.

Chú ý đến từ khoá của câu hỏi là "来週" (tuần sau) để nghe xem sẽ có "だれの誕生日" (sinh nhật của ai). Nhân vật nữ đã nói rằng: "来週" (tuần sau) là "お祝い" (có ngày mừng) của "おばあさん" (bà) nhưng nhân vật nam lại nghe nhầm thành "おばさん" (bà cô). Nhân vật nữ sau khi nói rằng: "ううん、おばさんじゃなくて" (Không, không phải là bà cô) thì giải thích bằng từ khác là "祖母" (bà của tôi). Vì là "祖母の77歳の誕生日" (sinh nhật 77 tuổi của bà) nên b là câu trả lời đúng. Sinh nhật bà cô của nhân vật nam không phải là tuần sau nên không phải là câu trả lời đúng.

スクリプト

男の人と女の人が話しています。来週は、だれの誕生日のお祝いですか。

女：来週の日曜日、喜寿のお祝いなんだ。おばあさんの。

男：おばさんの……何のお祝い？

女：ううん、おばさんじゃなくて、祖母の77歳の誕生日。家族みんなで集まって食事するの。

男：ああ、そうなんだ。おめでとう。そういえば、僕のおばさんももうすぐ誕生日だな。

女：おばさんも来週？

男：いや、それは来月。

来週は、だれの誕生日のお祝いですか。

📝 れんしゅう2

状況説明文と質問文を聞いてから、選択肢を読んでください。それから話を聞いて、正しい答えに○、正しくない答えに×を書いてください。

(1) 🎧 A 43
     a　家の用事があるから　　　　　　（　　　）
     b　レポートがあるから　　　　　　（　　　）
     c　会社の試験があるから　　　　　（　　　）

(2) 🎧 A 44
     a　魚屋だけ　　　　　　　　　　　（　　　）
     b　魚屋とスーパー　　　　　　　　（　　　）
     c　スーパーだけ　　　　　　　　　（　　　）

(3) 🎧 A 45
     a　あした　　　　　　　　　　　　（　　　）
     b　月曜日　　　　　　　　　　　　（　　　）
     c　水曜日　　　　　　　　　　　　（　　　）

(4) 🎧 A 46
     a　雪　　　　　　　　　　　　　　（　　　）
     b　雨　　　　　　　　　　　　　　（　　　）
     c　晴れ　　　　　　　　　　　　　（　　　）

(5) 🎧 A 47
     a　水が出ないから　　　　　　　　（　　　）
     b　お湯が出ないから　　　　　　　（　　　）
     c　病院の人がすぐ来ないから　　　（　　　）

(6) 🎧 A 48
     a　いろいろな花の絵　　　　　　　（　　　）
     b　桜の木の絵　　　　　　　　　　（　　　）
     c　花を植えている人の絵　　　　　（　　　）

✳ かくにん　もんだい　Ⓐ49

　まず　しつもんを　聞いて　ください。そのあと、もんだいようしを　見て　ください。読む　時間が　あります。それから　話を　聞いて、もんだいようしの　1から4の　中から、いちばん　いい　ものを　一つ　えらんで　ください。

(1)　Ⓐ50　1　しょうゆこうじょう　→　さんぽ　→　ふね

　　　　　　2　しょうゆこうじょう　→　ふね　→　さんぽ

　　　　　　3　さんぽ　→　しょうゆこうじょう　→　ふね

　　　　　　4　ふね　→　しょうゆこうじょう　→　さんぽ

(2)　Ⓐ51　1　おんがくが　すきではないから

　　　　　　2　チケットが　高いから

　　　　　　3　しけんが　あるから

　　　　　　4　アルバイトが　あるから

(3)　Ⓐ52　1　あおい　シャツ

　　　　　　2　あおい　シャツと　うわぎ

　　　　　　3　くろい　シャツ

　　　　　　4　くろい　シャツと　うわぎ

(4)　Ⓐ53　1　10時から　10時10分

　　　　　　2　10時10分から　10時20分

　　　　　　3　10時20分から　10時30分

　　　　　　4　10時30分から　10時40分

(5)　Ⓐ54　1　おふろの　あと

　　　　　　2　ばんごはんの　あと

　　　　　　3　今から

　　　　　　4　あした

模擬試験

もんだい1

もんだい1では、まず　しつもんを　聞いて　ください。それから　話を　聞いて、もんだいようしの　1から4の　中から、いちばん　いい　ものを　一つ　えらんで　ください。

1ばん

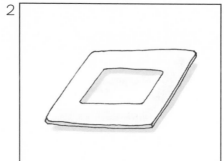

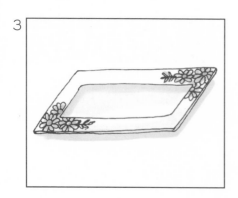

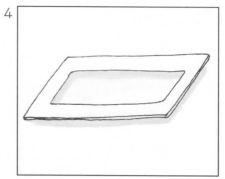

2ばん

1　電車を　まつ

2　バスに　のる

3　ひがしえきまで　あるく

4　タクシーに　のる

3ばん 🎧B04

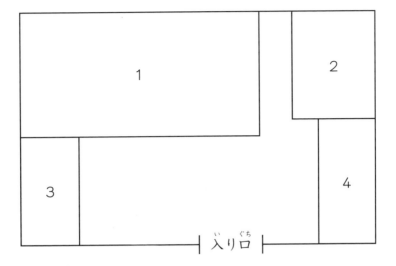

4ばん 🎧B05

1

2

3

4

5ばん

1　ぎんこう

2　コンビニ

3　ゆうびんきょく

4　しょくどう

6ばん

7ばん

1　ボールを　なげる

2　しあいを　する

3　うんどうじょうを　はしる

4　じゅんびうんどうを　する

8ばん

1　すいようびの　5時ごろ

2　すいようびの　8時半ごろ

3　きんようびの　8時半ごろ

4　きんようびの　9時ごろ

もんだい2 🎧B10

もんだい2では、まず　しつもんを　聞いて　ください。そのあと、もんだいようしを　見て　ください。読む　時間が　あります。それから　話を　聞いて、もんだいようしの　1から4の　中から、いちばん　いい　ものを　一つ　えらんで　ください。

1ばん 🎧B11

1　ちかいから

2　こんで　いないから

3　お金が　かからないから

4　ほかの　はなも　見られるから

2ばん 🎧B12

1　りょうしんの　うち

2　りょう

3　アパート

4　おばあさんの　うち

3ばん 🎧B13

1　すし

2　カレー

3　ピザ

4　ラーメン

4ばん 🎧B14

1　5日

2　9日

3　16日

4　23日

5ばん

   1 ふく

   2 おもちゃ

   3 コップ

   4 ぼうし

6ばん

   1 話が　おもしろかった

   2 山や　川が　きれいだった

   3 いぬが　かわいかった

   4 子どもが　かわいかった

7ばん

   1 りょこうを　するため

   2 スキーを　するため

   3 しごとを　するため

   4 けっこんしきに　出るため

もんだい3

　もんだい3では、えを　見ながら　しつもんを　聞いて　ください。➡（やじるし）の
人は　何と　言いますか。1から3の　中から、いちばん　いい　ものを　一つ　えらんで
ください。

1ばん

1	2	3

2ばん | 1 2 3 |

3ばん  | 1 2 3 |

4ばん

5ばん

もんだい4 (B24)

　もんだい4では、えなどが　ありません。まず　ぶんを　聞いて　ください。それから、その　へんじを　聞いて、1から3の　中から、いちばん　いい　ものを　一つ　えらんで　ください。

1ばん (B25) | 1　　　　2　　　　3 |

2ばん (B26) | 1　　　　2　　　　3 |

3ばん (B27) | 1　　　　2　　　　3 |

4ばん (B28) | 1　　　　2　　　　3 |

5ばん (B29) | 1　　　　2　　　　3 |

6ばん (B30) | 1　　　　2　　　　3 |

7ばん (B31) | 1　　　　2　　　　3 |

8ばん (B32) | 1　　　　2　　　　3 |

著者

中村かおり
　　拓殖大学外国語学部　准教授

福島佐知
　　拓殖大学別科日本語教育課程、亜細亜大学全学共通科目担当、
　　東京外国語大学世界教養プログラム　非常勤講師

友松悦子
　　地域日本語教室　主宰

翻訳

英語　Ian Channing
ベトナム語　LÊ LỆ THỦY（レー・レ・トゥイ）

イラスト

山本和香

装丁・本文デザイン

糟谷一穂

CD吹き込み

北大輔

高橋若葉

柳沢真由美

しんかんぜん　　　　　　ちょうかい　　　に ほん ご のうりょく し けん
新完全マスター聴解　日本語能力試験N４

2018年 2 月26日　初版第1刷発行
2020年10月23日　第 3 刷 発 行

　　　　　　　　なかむら　　　　　ふくしまさ ち　　　ともまつえつ こ
著　者　　中村かおり　福島佐知　友松悦子
発行者　　藤嵜政子
発　行　　株式会社スリーエーネットワーク
　　　　　〒102-0083　東京都千代田区麹町3丁目4番
　　　　　　　　　　　トラスティ麹町ビル2Ｆ
　　　　　電話　営業　03 (5275) 2722
　　　　　　　　　編集　03 (5275) 2725
　　　　　https://www.3anet.co.jp/
印　刷　　萩原印刷株式会社

ISBN978-4-88319-763-7　C0081

■ 新完全マスターシリーズ

● 新完全マスター漢字
日本語能力試験 N1
1,200円+税　〔ISBN978-4-88319-546-6〕

日本語能力試験 N2 (CD付)
1,400円+税　〔ISBN978-4-88319-547-3〕

日本語能力試験 N3
1,200円+税　〔ISBN978-4-88319-688-3〕

日本語能力試験 N3 ベトナム語版
1,200円+税　〔ISBN978-4-88319-711-8〕

日本語能力試験 N4
1,200円+税　〔ISBN978-4-88319-780-4〕

● 新完全マスター語彙
日本語能力試験 N1
1,200円+税　〔ISBN978-4-88319-573-2〕

日本語能力試験 N2
1,200円+税　〔ISBN978-4-88319-574-9〕

日本語能力試験 N3
1,200円+税　〔ISBN978-4-88319-743-9〕

日本語能力試験 N3 ベトナム語版
1,200円+税　〔ISBN978-4-88319-765-1〕

日本語能力試験 N4
1,200円+税　〔ISBN978-4-88319-848-1〕

● 新完全マスター読解
日本語能力試験 N1
1,400円+税　〔ISBN978-4-88319-571-8〕

日本語能力試験 N2
1,400円+税　〔ISBN978-4-88319-572-5〕

日本語能力試験 N3
1,400円+税　〔ISBN978-4-88319-671-5〕

日本語能力試験 N3 ベトナム語版
1,400円+税　〔ISBN978-4-88319-722-4〕

日本語能力試験 N4
1,200円+税　〔ISBN978-4-88319-764-4〕

● 新完全マスター単語
日本語能力試験 N1 重要2200語
1,600円+税　〔ISBN978-4-88319-805-4〕

日本語能力試験 N2 重要2200語
1,600円+税　〔ISBN978-4-88319-762-0〕

日本語能力試験 N3 重要1800語
1,600円+税　〔ISBN978-4-88319-735-4〕

● 新完全マスター文法
日本語能力試験 N1
1,200円+税　〔ISBN978-4-88319-564-0〕

日本語能力試験 N2
1,200円+税　〔ISBN978-4-88319-565-7〕

日本語能力試験 N3
1,200円+税　〔ISBN978-4-88319-610-4〕

日本語能力試験 N3 ベトナム語版
1,200円+税　〔ISBN978-4-88319-717-0〕

日本語能力試験 N4
1,200円+税　〔ISBN978-4-88319-694-4〕

日本語能力試験 N4 ベトナム語版
1,200円+税　〔ISBN978-4-88319-725-5〕

● 新完全マスター聴解
日本語能力試験 N1 (CD付)
1,600円+税　〔ISBN978-4-88319-566-4〕

日本語能力試験 N2 (CD付)
1,600円+税　〔ISBN978-4-88319-567-1〕

日本語能力試験 N3 (CD付)
1,500円+税　〔ISBN978-4-88319-609-8〕

日本語能力試験 N3 ベトナム語版 (CD付)
1,500円+税　〔ISBN978-4-88319-710-1〕

日本語能力試験 N4 (CD付)
1,500円+税　〔ISBN978-4-88319-763-7〕

■ 読解攻略！
日本語能力試験
N1 レベル
1,400円+税
〔ISBN978-4-88319-706-4〕

■ 日本語能力試験模擬テスト

● 日本語能力試験 N1 模擬テスト
〈1〉〔ISBN978-4-88319-556-5〕
〈2〉〔ISBN978-4-88319-575-6〕
〈3〉〔ISBN978-4-88319-631-9〕
〈4〉〔ISBN978-4-88319-652-4〕

● 日本語能力試験 N2 模擬テスト
〈1〉〔ISBN978-4-88319-557-2〕
〈2〉〔ISBN978-4-88319-576-3〕
〈3〉〔ISBN978-4-88319-632-6〕
〈4〉〔ISBN978-4-88319-653-1〕

● 日本語能力試験 N3 模擬テスト
〈1〉〔ISBN978-4-88319-841-2〕
〈2〉〔ISBN978-4-88319-843-6〕

CD付　各冊900円+税

スリーエーネットワーク

ウェブサイトで新刊や日本語セミナーをご案内しております。
https://www.3anet.co.jp/

新完全マスター 聴解 日本語能力試験 N4

別冊(べっさつ)

解答(かいとう)とスクリプト

スリーエーネットワーク

れんしゅう1-A　※○が答え　　　　　　　　　　　　　　　　　　　P.12

A05 （れい）　8日です。（a　4日です　　ⓑ　8日です）

(1)　次です。（ⓐ　次です　　b　月です）

(2)　リンさんですね。（ⓐ　リンさんですね　　b　リーさんですね）

(3)　7時です。（a　1時です　　ⓑ　7時です）

(4)　知っています。（a　しています　　ⓑ　知っています）

(5)　何かいましたか。（ⓐ　何かいましたか　　b　何か言いましたか）

(6)　お兄さんがいます。（ⓐ　お兄さんがいます　　b　おじいさんがいます）

(7)　これ、聞いてください。（a　これ、着てください　　ⓑ　これ、聞いてください）

(8)　100本ください。（a　8本ください　　ⓑ　100本ください）

(9)　健康ですか。（ⓐ　健康ですか　　b　結婚ですか）

(10)　用意します。（a　料理します　　ⓑ　用意します）

れんしゅう1-B　※答えは（　　）の中　　　　　　　　　　　　　　　P.13

A06 （れい）　わたしはあめが好きです。（a）

(1)　嫌いな物はありません。（b）

(2)　5日、一緒に行きましょう。（b）

(3)　きれいですよ。着てみてください。（b）

(4)　小さい箱を使ってください。（a）

(5)　今日は暖かくなったね。（a）

(6)　これ、書いてくれない？（a）

(7)　あの人、まだいますね。（b）

(8)　練習は1からしますか。（b）

(9)　そのスプーン、ください。（b）

(10)　リーさんも、すぐ来ますよ。（b）

A09 （れい）　男：この店、よさそうだね。

女：うーん、この店ねー。（×）

(1)　男：これ、きれいだね。

女：そうね。（○）

(2)　男：1,480円。わあ、安いね。

女：そう？（×）

(3)　男：このいす、買おうよ。

女：うん、いいよ。（○）

(4)　男：一緒に踊らない？

女：えー、いいよ。（×）

(5)　男：あの人、いい人だね。

女：ええ、本当に。（○）

(6)　男：今晩、一緒にお酒、どうですか？

女：あー、今日は……。（×）

(7)　男：この写真、いいですよね。

女：うん、これね。（○）

(8)　男：どう？　このネクタイ。似合うでしょう？

女：えー、それ？（×）

A10 （れい）　男：あしたは何日ですか。

女：今日が4日ですから、（ⓐ　5日です　　ｂ　9日です）。

(1)　女：今日は金曜日ですか。

男：いえ、昨日が水曜日でしたから、（ａ　火曜日です　　ⓑ　木曜日です）。

(2)　女：あれ？　このカーテン、いつ変えたんですか。

男：（ⓐ　おとといです　　ｂ　あさってです）。

(3)　男：ああ、今日は12月31日か……。

女：ええ、（ａ　今年もよろしくね　　ⓑ　来年もよろしくね）。

(4)　女：あの人は母の妹です。

男：そうですか。（ⓐ　叔母さんですか　　ｂ　おばあさんですか）。

(5) 男：お兄さん、お元気ですか。

女：ええ、(ⓐ　兄は元気です　　b　姉は元気です)。

(6) 男：1人で行く？

女：いえ、母と友達2人も一緒だから、(a　3人です　　ⓑ　4人です)。

(7) 女：あした、20歳の誕生日なの。

男：そうか。(a　もう8歳か　　ⓑ　もう20歳か)。

(8) 男：今から2時まで休み時間ですよ。

女：わかりました。(ⓐ　1時間ですね　　b　1時ですね)。

(9) 男：お菓子、いくつ買う？

女：じゃ、1人2つ。4人だから、(ⓐ　8つね　　b　6つね)。

(10) 女：この花、安いですよ。いかがですか。

男：じゃ、(ⓐ　5本ください　　b　5枚ください)。

Ⅱ　「発話表現」のスキルを学ぶ

Skills acquisition: Verbal expressions　Học kỹ năng "Diễn đạt khẩu ngữ"

れんしゅう1-A　※答えは（　）の中　　　　　　　　　　　　　　P.17

(1) ゆっくり話してもらいたいです。(聞く人)

(2) 英語を教えたいです。(話す人)

(3) チョコレートをあげたいです。(話す人)

(4) ドアを開けてもらいたいです。(聞く人)

(5) みんなで一緒にカラオケで歌いたいです。(話す人・聞く人)

(6) 写真を見せたいです。(話す人)

(7) 自転車を貸してもらいたいです。(聞く人)

れんしゅう1-B　※答えは（　）の中　　　　　　　　　　　　　　P.19

(1) 図書館でコピー機を使いたいです。何と言いますか。

a　あの、コピー機、ありますか。(○)

b　あの、コピー機、使ってくれませんか。(×)

c　あの、コピー機、使ってもいいですか。(○)

(2) 一緒に昼ご飯を食べたいです。何と言いますか。

a　あそこで昼ご飯を食べてもいいですか。(×)

b　あそこで昼ご飯を食べませんか。（○）

c　あそこで昼ご飯を食べましょうか。（○）

(3) 友達にごみを捨ててもらいたいです。何と言いますか。

a　このごみ、捨てるね。（×）

b　このごみ、捨ててもいい？（×）

c　このごみ、捨ててくれない？（○）

(4) どこかに荷物を置きたいです。何と言いますか。

a　荷物はここに置いてもいいですか。（○）

b　荷物はここに置いてもらえますか。（×）

c　荷物はどこに置けますか。（○）

れんしゅう2　※答えは（　　）の中　　　　　　　　　　P.21

(1) 教室でCDを聞いています。CDの音が小さいです。先生に何と言いますか。

a　CDの音、大きくしましょうか。（×）

b　あの、よく聞こえないんですが。（○）

c　すみません、音が大きくてもいいですか。（×）

(2) 客が店の前に車を止めました。店員は何と言いますか。

a　車はあそこに止められますよ。（○）

b　あそこに車を止めましょうか。（×）

c　ここに車は止められないんですが。（○）

(3) レストランにいます。頼んだ料理が来ません。店の人に何と言いますか。

a　あの、料理は来たほうがいいですよ。（×）

b　すみませんが、料理はどうですか。（×）

c　あの、料理がまだなんですが。（○）

(4) バスに乗っています。おばあさんが乗ってきました。何と言いますか。

a　この席、座りましょうか。（×）

b　どうぞ、ここ、空いていますよ。（○）

c　ここ、座ってもいいですか。（×）

(5) 試験を受けています。時計がありません。先生に何と言いますか。

a　あの、時間を教えてもらえますか。（○）

b　すみません、時間を教えましょうか。（×）

c　すみませんが、時間を知りたいんですが。（○）

(6) 友達が書いた住所が正しくないです。何と言いますか。

a　あれ、その住所、合ってる？(○)

b　あれ、その住所、間違ってるよ。(○)

c　あれ、その住所、よく見てもいいよ。(×)

(7) 運転している友達が疲れたようです。何と言いますか。

a　運転、代わろうか。(○)

b　運転、僕がするよ。(○)

c　運転、したほうがいいよ。(×)

(8) 美容院にいます。もう少し髪を短くしたいです。何と言いますか。

a　もう少し切ってもらえますか。(○)

b　もう少し短いんですが。(×)

c　まだ少し長いんですが。(○)

✳ かくにん　もんだい

P.23

こたえ (1)1　(2)2　(3)1　(4)3　(5)2

(A14) (1) 部屋で友達が暑そうです。何と言いますか。

1　エアコン、つけようか。

2　窓が閉まったね。

3　涼しくていいね。

(2) 切符の買い方を教えてもらいたいです。駅の人に何と言いますか。

1　切符の買い方、教えてもいいですか。

2　あの、切符の買い方がわからないんですが。

3　すみません、切符、買わないんですか。

(3) あした友達と約束がありますが、都合が悪くなりました。何と言いますか。

1　あさってに変えてもらえない？

2　あさって会ってもいい？

3　あさってにしてもらいたい？

(4) 友達にうちに来てもらいたいです。何と言いますか。

1　ねえ、今日、うちに来てもいい？

2　ねえ、今日、うちに来ようか。

3　ねえ、今日、うちに来ない？

(5) 隣の席の人の音がうるさいです。何と言いますか。

1　あの、静かにしてもいいですか。

2　あの、音を少し小さくしてもらえませんか。

3　あの、音を少し小さくしたいです。

Ⅲ　「即時応答」のスキルを学ぶ
Skills acquisition: Immediate responses　Học kỹ năng "Trả lời ngay câu hỏi"

れんしゅう1-A　※〇が答え　　　　　　　　　　　　　P.27

Ⓐ15 (れい)　女：消しゴムならありますよ。使いますか。

男：a　ええ、使ってください。

Ⓑ　はい、使います。

(1)　男：この店に入りませんか。

女：a　ええ、入りません。

Ⓑ　そうしましょう。

(2)　女：ここ、片付けましょうか。

男：ⓐ　はい、お願いします。

b　わかりました。片付けます。

(3)　男：この映画、面白そうだね。見てみようか。

女：ⓐ　うん、見よう。

b　うん、見ない?

(4)　女：お菓子、もう一つあるよ。食べない?

男：a　うん、そうだよ。

Ⓑ　あ、ありがとう!

(5)　男：車で来ましたから、駅まで送りましょうか。

女：ⓐ　あ、すみません。

b　じゃ、送ります。

(6)　女：このシャツ、着てみませんか。

男：a　ええ、どうぞ。

Ⓑ　じゃ、着てみます。

(7)　男：少し休みましょうか。

女：a　はい、休みませんね。

Ⓑ　ええ、そうですね。

(8) 女：このゲーム、一緒にやってみない？

男：ⓐ　うん、そうしよう。

　　　b　うん、やってみない。

▨ れんしゅう1-B　※○が答え　　　　　　　　　　　　　P.29

🅐16 (1) 男：プレゼント、もう買ってある？

女：ⓐ　ううん、まだ買ってない。

　　　b　ううん、まだ買ってなかった。

(2) 女：宿題、もうやりましたか。

男：a　いえ、やりませんでした。

　　　ⓑ　まだやっていません。

(3) 男：スキー、したことある？

女：ⓐ　ええ、何回かあります。

　　　b　ええ、子どものとき、ありました。

(4) 女：お金は今払わなくてはいけませんか。

男：a　いえ、払ってはいけません。

　　　ⓑ　いえ、払わなくてもいいです。

(5) 女：山田さんには連絡したの？

男：a　ううん、まだしなかったよ。

　　　ⓑ　まだ。後で連絡しておくよ。

(6) 男：昨日火事があったの、知ってる？

女：ⓐ　えっ、知らなかった。

　　　b　あー、知ってないよ。

(7) 男：これ、捨ててもいいですか。

女：ⓐ　あ、捨てないでください。

　　　b　いえ、捨てなくてもいいです。

(8) 女：ここは掃除しなくてもいいですか。

男：ⓐ　いえ、ここも掃除してください。

　　　b　いえ、ここは掃除してもいいです。

▨ れんしゅう2-A　※○が答え　　　　　　　　　　　　　P.31

🅐17 (1) 女：なんで昼ご飯、食べなかったの？

男：a　スプーンで食べたんです。

　　　ⓑ　時間がなかったんです。

(2)　男：時間がないから、早く行ってきて。

　　女：a　はい、もう来ました。

　　　　ⓑ　はい、すみません。

(3)　女：だれか来たみたいだね。

　　男：a　へえ、行ってみたいなあ。

　　　　ⓑ　ちょっと見てくるね。

(4)　男：お兄さんは、今どちらですか。

　　女：ⓐ　メキシコです。

　　　　b　下の兄です。

(5)　女：傘、あるの？

　　男：a　はい、わたしのです。

　　　　ⓑ　ええ、持ってますよ。

(6)　男：時間に遅れるときは、連絡しないと。

　　女：a　え、電話したほうがいいですよ。

　　　　ⓑ　はい、気をつけます。

(7)　女：それ、まだ食べないで。

　　男：a　うん、食べようね。

　　　　ⓑ　うん、わかった。

(8)　男：お子さんはおいくつですか。

　　女：ⓐ　2歳です。

　　　　b　2人です。

れんしゅう2-B　※○が答え　　　　　　　　　　P.33

Ⓐ18　(1)　女：お先に失礼します。

　　男：a　それは失礼しました。

　　　　ⓑ　お疲れさまでした。

(2)　男：昨日、財布を落として、交番に行ったんです。

　　女：ⓐ　それは大変でしたね。

　　　　b　どうぞお大事に。

(3)　女：今度の休みに海に行こうよ。

男：a　これは楽しいね。

　　　ⓑ　うん、楽しみにしてるよ。

(4)　女：どうぞ、入ってください。

　　男：a　おじゃましました。

　　　ⓑ　おじゃまします。

(5)　男：お久しぶりです。

　　女：ⓐ　ああ、お元気でしたか。

　　　b　じゃ、お元気で。

(6)　男：旅行の日はいい天気で、富士山もよく見えました。

　　女：ⓐ　それはよかったですね。

　　　b　それはきれいでしたね。

(7)　女：先生、今、お時間ありますか。

　　男：ⓐ　ええ、何でしょうか。

　　　b　時計を持っていないんですが。

(8)　男：どうぞおかけください。

　　女：a　おじゃまします。

　　　ⓑ　失礼します。

✳ **かくにん　もんだい**　　　　　　　　　　　　　　　　　P.34

こたえ　(1)3　(2)1　(3)2　(4)3　(5)1

Ⓐ19　(1)　男：重そうですね。その荷物、持ちましょうか。

　　女：1　じゃ、持ちましょうね。

　　　2　ええ、持ちますよ。

　　　3　すみません、お願いします。

(2)　女：レポート、もう出した？

　　男：1　今、書いているところ。

　　　2　ううん、まだ出さなかった。

　　　3　あ、出したことあるよ。

(3)　男：もしもし、今、どちらですか。

　　女：1　こっちのほうがいいですね。

　　　2　すみません。まだ駅にいます。

　　　3　鈴木と申します。

(4) 女：この間、お土産、ごちそうさまでした。

男：1　いえ、つまらないです。

　　2　いえ、お大事に。

　　3　いえ、どういたしまして。

(5) 女：この料理、食べたことありますか。

男：1　いいえ。食べてみたいです。

　　2　いいえ、食べませんでした。

　　3　いいえ、まだありませんでした。

IV　「課題理解」のスキルを学ぶ
Skills acquisition: Understanding the subject-matter　　Học kỹ năng "Hiểu vấn đề nêu ra"

れんしゅう1　　　　　　　　　　　　　　　　　　　　　　P.38

こたえ (1)b　(2)b　(3)b　(4)b　(5)a　(6)a　(7)b

(1) 男：隣の教室のいす、借りてきましょうか。

女：あー、それはやめたほうがいいよ。

(2) 男：あ、はさみ、使いますか。持ってきますよ。

女：ありがとう。お願いね。

(3) 女：わたし、小説、書いたんだ。読んでもらえる？

男：へえ、いいよ。

(4) 女：仕事のこと、先輩に相談したらどうですか。

男：うーん、ちょっとそれは……。

(5) 女：ねえ、この地図、いろいろかいてあってわかりにくいから、もっと簡単にした

　　ほうがいいよ。

男：あ、そうだね。そうするよ。

(6) 女：引っ越しするんだけど、手伝いに来てくれない？

男：いつ？

女：あしたの夕方。

男：あ、あしたか。夕方なら、いいよ。

(7) 男：一緒に片付けようか。この箱、運ぶの？

女：あー、箱はいいよ。じゃ、そこのパソコン、事務室に運んでもらえる？

男：わかった。

(1) **こたえ** a

Ⓐ23 男の人と女の人が話しています。男の人はこのあとどうしますか。

男：うーん、パソコンのスピードが遅いな。壊れたかもしれない。

女：じゃ、店に電話して相談するといいよ。よく教えてもらえるよ。

男：電話でわかるかな。新しいのを買ったほうがいいと思うけど。

女：うーん、今はお金がないでしょう？　先に電話してみようよ。それでわからなかっ
たら、電気屋さんに持っていって見てもらったらどう？

男：そうだね。じゃ、そうするよ。

男の人はこのあとどうしますか。

(2) **こたえ** c

Ⓐ24 男の人と女の人が話しています。男の人は資料を何枚コピーしますか。

男：この資料、コピーしてくるけど、田中さんも要る？

女：うん、わたしも欲しい。あと、林さんと森さんのもお願い。

男：じゃ、僕のと、あと3枚だね。

女：あ、それから、林さんが友達に見せたいと言っていたから、その人のもあったほう
がいいね。

男：わかった。

男の人は資料を何枚コピーしますか。

(3) **こたえ** a

Ⓐ25 お母さんと男の子が話しています。男の子はこのあと、まず何をしますか。

男の子：お母さん、晩ご飯、僕も作りたい。卵、焼こうか。

母　　：そうね。じゃ、この料理が終わったら、一緒に作ろうか。

男の子：わかった。じゃ、この肉、切ってもいい？

母　　：危ないから、気をつけてね。あ、ちょっと待って。その前に、この野菜を洗っ
てくれる？　先にサラダを作りたいから。

男の子：はーい。

男の子はこのあと、まず何をしますか。

(4) **こたえ** c

(A26) パーティーの前に女の人が話しています。手伝う人はこのあとすぐ何をしますか。

女：パーティーは5時からです。手伝ってくれる皆さん、よろしくお願いします。テーブルはもう出しておきましたから、お皿とコップを並べて料理を出してください。あ、でも、まずいすが必要ですね。いすを運んできてから、料理をお願いします。じゃ、準備を始めましょう。

手伝う人はこのあとすぐ何をしますか。

(5) **こたえ** a

(A27) 学校の事務室で女の学生が話しています。女の学生はこのあと、まず何をしますか。

女：すみません、財布を落としたんですが。

男：落とし物ですか。ここには届いていませんね。じゃ、この紙に、名前と落とした時間などを書いてください。場所はわかりますか。

女：いいえ。教室もトイレも見たんですけど。もしかしたら学校の中じゃないかもしれません。

男：あ、そうですか。じゃ、交番に行ったほうがいいですね。駅の前にありますから、これを書いたら、すぐに行ってみてください。

女：わかりました。

女の学生はこのあと、まず何をしますか。

(6) **こたえ** b

(A28) 娘とお父さんが電話で話しています。お父さんは娘をどこへ迎えに行きますか。

娘：もしもし、お父さん？　今、駅に着いたよ。

父：お、おかえり。旅行は楽しかった？　荷物が多いだろうから、車で迎えに行くよ。

娘：ありがとう。じゃ、駅の前で待ってる。

父：外は寒いよ。そうだ、駅の隣にコーヒーショップがあるだろう？　そこで待ってて。

娘：うーん、それより駅前のスーパーのほうがいいな。中のいすに座って待ってる。

父：わかった。

お父さんは娘をどこへ迎えに行きますか。

(1) **こたえ** 3

Ⓐ30 学校で女の先生が話しています。学生はあした、何を持ってこなければなりませんか。

女：あしたのハイキングですが、朝、8時に学校に集まってください。昼ご飯は食堂で、みんなで食べます。飲み物は自分で用意してください。それから、山の上は寒いですから、暖かい上着を持ってきてください。傘も忘れないようにしてください。歩くとき、地図を使いますが、これは学校で準備します。

学生はあした、何を持ってこなければなりませんか。

(2) **こたえ** 2

Ⓐ31 男の学生と女の学生が携帯電話で話しています。男の学生は授業のあとどうしますか。

女：もしもし、山田くん？　今話せる？

男：あ、ごめん。今から授業が始まるところなんだ。昼休みにかけてくれる？

女：わかった。何時ごろ？

男：12時。あ、でも、今日は、先生と約束があるんだ。30分ぐらいで終わると思うけど。

女：じゃ、終わったら、そっちからかけてくれない？

男：わかった。そうする。

男の学生は授業のあとどうしますか。

(3) **こたえ** 3

Ⓐ32 アパートのごみを出す所で女の人と男の人が話しています。男の人はいつガラスの花瓶を出しますか。

女：あ、ちょっと、それ、ガラスの花瓶ですよね。

男：ええ、割れてしまったので、捨てたいんですが。

女：今日は水曜日ですから、プラスチックの物を出す日なんですよ。ガラスのごみは金曜日です。

男：あ、じゃ、あさってですね。

女：はい。あ、でも、あさっては第2金曜日ですね。出せるのは、第1金曜日と第3金曜日ですから、来週にしてください。

男：あ、そうですか。わかりました。

男の人はいつガラスの花瓶を出しますか。

(4) **こたえ** 4

🅐33 自転車を貸す店で、女の人が男の店員と話しています。女の人はどのぐらいの時間、自転車を借りますか。

女：すみません、ここで自転車を借りて湖の周りを走りたいんですけど、時間、どのぐらいかかりますか。

男：回るだけだったら、1時間半ぐらいですね。

女：そうですか。途中で休むから、2時間かな。

男：あ、ちょっと待って。この地図のここの山に入る道、今、花がとてもきれいですから、行ってみたらどうですか。30分ぐらいで見られますよ。

女：いいですね。写真もゆっくり撮りたいから、じゃ、1時間と考えて……。

女の人はどのぐらいの時間、自転車を借りますか。

(5) **こたえ** 3

🅐34 アパートの大家さんと女の人が話しています。女の人はこれからすぐ何をしますか。

大家：引っ越しの準備はもうできましたか。

女　：はい。台所の物だけ、まだ箱に入れていません。

大家：引っ越し屋さんは何時に来るんですか。

女　：10時ごろです。その前にガスと電気の会社の人が、止めに来ます。

大家：水道は？

女　：あ、そうですね。連絡するのを忘れていました。

大家：すぐしたほうがいいですね。引っ越しが終わったら、かぎを返してもらえますか。

女　：はい、終わったら、すぐ返しに行きます。

女の人はこれからすぐ何をしますか。

れんしゅう1　　　　　　　　　　　　　　　　　　　　　　　　P.48

(1) **こたえ** b

(A36) 女の人と男の人が話しています。男の人はどうして最近コーヒーを飲みませんか。

女：コーヒー、いかがですか。

男：いえ、僕、コーヒーはあまり……。

女：え、そうですか。眠れなくなりますか。

男：それは大丈夫ですね。でも、最近、飲みすぎると、おなかが痛くなってしまって……。

女：あ、そういう人もいますね。わたしも前はコーヒー、だめだったんですよ。苦いから、おいしいと思えなかったんです。

男：へえ、そうなんですか。

男の人はどうして最近コーヒーを飲みませんか。

　　a　眠れなくなるから　　　　　　　　　　　大丈夫

　　ⓑ　体の具合が悪くなるから　　　　　　　　おなかが痛くなる

　　c　味が好きではないから　　　　　　　　　女の人

(2) **こたえ** c

(A37) 店で男の人と女の人が話しています。店は日曜日は何時から何時までですか。

男：すみません、この店、何時までですか。

女：今日は7時まで開いていますよ。月曜日から金曜日までは、朝9時から夜7時までです。

男：そうですか。土曜日と日曜日は？

女：はい、土曜日は、朝は同じですが、夜9時まで開いています。日曜日は、朝が1時間早い8時からで、夜は9時までです。

店は日曜日は何時から何時までですか。

　　a　朝9時から夜7時まで　　　　　　　　　月曜日〜金曜日

　　b　朝9時から夜9時まで　　　　　　　　　土曜日

　　ⓒ　朝8時から夜9時まで　　　　　　　　　日曜日

(3) こたえ ▶ b

A38 男の人と女の人が話しています。女の人は先週どこに行きましたか。

男：はい、これ。アメリカのお土産。夏休みに行ってきたんだ。

女：わー、ありがとう。わたしもお土産、あるんだ。はい、これ。それから、これも。

男：2つもあるの？　あ、これ、大阪のだよね。

女：うん。それで、こっちが沖縄の。

男：へえ。いつ行ったの？

女：沖縄には先月旅行に行って、大阪には先週仕事で行ってきたんだ。

男：へえ、そうなんだ。ありがとう。

女の人は先週どこに行きましたか。

a	アメリカ	男の人
ⓑ	大阪	先週
c	沖縄	先月

(4) こたえ ▶ b

A39 教室で男の先生が特別授業について話しています。来週の月曜日、朝から雨だったら、どうしますか。

男：来週の月曜日は、晴れたらみんなでみどり公園へ行って、花を見ます。雨が降らないといいですね。

女：先生、雨が降ったらどうしますか。

男：はい、朝から降っているときは、科学館へ行きます。公園にいるときに雨が降ったら公園の隣の水族館で魚を見ます。

女：はい、わかりました。

来週の月曜日、朝から雨だったら、どうしますか。

a	公園で花を見る	晴れ
ⓑ	科学館へ行く	朝から雨
c	水族館で魚を見る	公園にいるときに雨

(5) こたえ ▶ b

A40 美術館のチケット売り場で、男の学生と女の人が話しています。男の学生はいくら払いますか。

男：すみません、チケット1枚、お願いします。

女：はい、普通の大人は700円、学生は600円です。それから、招待チケットを持っていれば、500円になります。

男：招待チケットですか。

女：この紙です。ありますか。

男：あー、いえ。じゃ、学生1枚、お願いします。

男の学生はいくら払いますか。

a	700円	大人
ⓑ	600円	学生
c	500円	招待チケット

(6) **こたえ** c

Ⓐ41 男の人と女の人が話しています。男の人は健康のためにどんな運動をしますか。

男：体のためにジョギングを始めたんですが、続かなくて……。

女：運動は続けるのがいいみたいですね。水泳はどうですか。

男：うーん、プールは遠いから、日曜日しか行けませんね。

女：歩くのもいいですよ。30分以上歩けばいい運動ですよ。

男：あ、そうか。毎日会社に行くときバスをやめて、駅まで歩くとちょうど30分。これなら続けられそうですね。

男の人は健康のためにどんな運動をしますか。

a	ジョギングをする	続かない
b	プールで泳ぐ	遠い、日曜日だけ
ⓒ	バスに乗らないで歩く	毎日続けられる

▨ れんしゅう2　　　　　　　　　　　　　　　　　　　　　P.51

(1) **こたえ** a ×　　b ×　　c ○

Ⓐ43 男の学生と女の学生が話しています。女の学生はどうしてあした、授業を休みますか。

男：レポート、あしたまでだね。

女：うん。でも、あしたは授業に出ないんだ。

男：え？　どうして？　レポートができてないから？

女：そうじゃないよ。レポートはもう出したよ。

男：へえ、早いね。じゃ、家の用事か何か？

女：ううん。あした、会社の試験があるんだ。いちばん入りたい会社のだから、ちょっと心配だけど。

男：そうなんだ。仕事、決まるといいね。

女の学生はどうしてあした、授業を休みますか。

(2) **こたえ** a × 　 b × 　 c ○

🎧(A44) 夕方、女の人と男の人が話しています。2人はどの店で買い物をしますか。

女：あ、もうこんな時間。早く買い物して帰ろう。晩ご飯、何食べる？

男：そうだなー。魚かな。

女：じゃ、あっちの魚屋さんか。

男：あしたの朝ご飯のはいいの？　スーパーにも行く？

女：えーと、いいよ。パンはあるし。あ、でも卵がない。

男：じゃ、やっぱり行かないとね。

女：でも、それなら、魚もスーパーで買えばいいか。

男：もう遅いし、そうしようか。

2人はどの店で買い物をしますか。

(3) **こたえ** a × 　 b × 　 c ○

🎧(A45) 男の人と女の人が話しています。2人はいつ一緒に映画を見ますか。

男：この前話した映画、一緒に見に行かない？

女：うん、行こう。楽しみにしてたんだ。あしたはどう？

男：あー、あしたはアルバイトなんだ。月曜日か水曜日なら、行けるんだけど。月曜日は？

女：いいよ。あ、でも、待って。水曜日なら女の人は安くなるから、水曜日に行かない？　安くなったら、そのお金でコーヒーを買ってあげるよ。

男：そう？　じゃ、そうしよう。

2人はいつ一緒に映画を見ますか。

(4) **こたえ** a ×　　b ×　　c ○

🎧 A46 男の人と女の人が話しています。週末、温泉はどんな天気でしたか。

男：週末に、家族で温泉に行ってきたんですよ。

女：いいですね。でも、週末はずっと雨だったから、少し残念でしたね。

男：いえ、心配していたんですが、あちらは大丈夫でしたよ。まだ雪がだいぶ残っていて、寒かったですけど。

女：そうでしたか。今年は雪が多かったらしいですね。

男：そのようですね。

週末、温泉はどんな天気でしたか。

(5) **こたえ** a ×　　b ○　　c ×

🎧 A47 病院にいるおばあさんと家族が話しています。おばあさんはどうして怒っていますか。

女：ここの病院は本当に困るわ。顔もよく洗えないのよ。

男：え、どうしたの？　水が出ないの？

女：ううん、水しか出ないの。冷たすぎて、顔が洗えないよ。

男：お湯が出ないの？　病院の人を呼んだ？

女：ああ、すぐ来て見てくれたけど、「変ですね」としか言わないの。早く直してもらいたいわ。

おばあさんはどうして怒っていますか。

(6) **こたえ** a ×　　b ×　　c ○

🎧 A48 女の人と男の人が話しています。ポスターにはどんな絵をかきますか。

女：わたしたちのボランティアグループのこと、もっとみんなに知ってもらいたいですね。一緒にポスターを作りませんか。

男：いいですね。どんな絵にしましょうか。

女：グループの名前が「さくらの会」だから、大きい桜の木の絵はどうですか。

男：うーん、いろいろな花の絵はどうですか。わたしたちは町に花を植えるボランティアですから。

女：それもいいけど、人が花を植えている絵のほうがいいかな。そのほうが、何をしているかよくわかるでしょう。

男：そうですね。じゃ、そうしましょう。

ポスターにはどんな絵をかきますか。

✳ かくにん　もんだい

P.52

(1) **こたえ** 2

(A50) 旅行会社の女の人が話しています。Bグループの人はどの順番でしますか。

女：では、皆さん、バスを降りたら、グループに分かれます。Aグループの人は、まず、舟に乗って川から街を見ます。そして、しょうゆ工場を見ます。それから、街を歩きます。Bグループの人は、Aグループのあと、舟に乗ります。その前にしょうゆ工場へ行って、最後に街を歩きます。バスを降りたら、グループで集まってください。

Bグループの人はどの順番でしますか。

(2) **こたえ** 4

(A51) 女の人と男の人が話しています。男の人はどうしてコンサートに行きませんか。

女：ねえ、コンサートのチケットがあるんだけど、一緒に行かない？
男：いいね。試験も終わったし。でも、チケット、高いんだろう？
女：大丈夫。姉にもらった物だから。来週試験があって、行けないんだって。
男：いつあるの？
女：日曜日の2時からなんだけど。
男：あー、じゃ、無理だよ。日曜日の昼はアルバイトなんだ。

男の人はどうしてコンサートに行きませんか。

(3) **こたえ** 4

(A52) 弟と姉が話しています。弟はパーティーに何を着ていきますか。

弟：今日の夜のパーティーなんだけど、どう？　これ、この前買ったシャツ。いつもの青いシャツとどっちにしようか考えてるんだけど。
姉：ああ、青いのもいいけど、黒のほうが似合うよ。
弟：じゃ、こっちにしよう。
姉：あ、でも、夜は寒いから、上着を着たほうがいいんじゃない？

弟：あ、上着はかばんに入ってるよ。夜には着るよ。

弟はパーティーに何を着ていきますか。

(4) **こたえ** 3

 A53 日本語学校で、先生が学生に話しています。今日、2時間目のあとの休み時間は、何時から何時までですか。

女：今日は、近くの小学校に行って、皆さんの国のことを紹介します。でも、2時間目まではこの教室で授業があります。いつも2時間目は10時半までですが、今日はいつもより10分早く終わります。休み時間の10分で準備をして、すぐ玄関に集まってください。10時半に出発します。

今日、2時間目のあとの休み時間は、何時から何時までですか。

(5) **こたえ** 3

A54 男の人と女の人が旅館で話しています。2人はいつ店に行きますか。

男：いい旅館だね。僕はすぐにおふろに入りたいなあ。
女：その前に、近くに有名な店があるらしいんだけど、行ってみない?
男：何の店?
女：ケーキとコーヒー。この雑誌に出てるんだけど。
男：それなら、あした海に泳ぎに行くときのほうがいいよ。今ケーキを食べたら、晩ご飯が食べられなくなるから。
女：うーん、でも、あしたはその店、休みって書いてあるよ。
男：わかったよ。じゃ、すぐ行こう。

2人はいつ店に行きますか。

模擬試験
Mock Test　Thi thử

もんだい1　　　　　　　　　　　　　　　　　　　　　　　　　　　　P.54

1ばん　**こたえ** 4

B02 店で女の人と男の店員が話しています。店員はどの皿を持ってきますか。

母　　：洗濯物がぬれるわ。早く中に入れないと。

男の子：じゃ、僕が入れようか。

母　　：うーん、お母さんのほうが早いから、いいわ。じゃ、そっち、お願いね。

男の子：わかった。

男の子はこのあと何をしますか。

7ばん　こたえ　3

学校の運動場で先生が話しています。子どもたちはこのあと、まず何をしますか。

先生：では、今日はみんなでバスケットボールをします。まず、ボールの投げ方や捕り
　　　方などを練習します。それから、グループに分かれて、試合をします。でも、急
　　　に体を動かすと、けがをするかもしれませんから、初めに運動場を走ってから、
　　　2人ずつで準備運動をします。いいですか。

子どもたちはこのあと、まず何をしますか。

8ばん　こたえ　3

クリーニング屋で女の人と男の店員が話しています。女の人はいつ服を取りに来ますか。

女：すみません、この服、金曜日に着たいんですけど、今からでも大丈夫ですか。

男：はい、あした水曜日の夕方5時までにはできますよ。

女：じゃ、あさって取りに来ます。あしたは帰るのが夜10時すぎになるので。

男：あー、うちは木曜日は休みなんですよ。金曜日は朝から着るんですか。

女：ええ、9時ごろ出かけるんですが。

男：うーん、じゃ、8時半に店を開けますから、来てもらえますか。

女：え、いいんですか。すみません。

女の人はいつ服を取りに来ますか。

1ばん　**こたえ** 3

B
11　男の人と女の人が話しています。女の人はどうしてみやま公園のほうがいいと言っていますか。

男：今年の花見はフラワーパークにしませんか。近いし、桜以外にもいろいろな花が見られますよ。

女：フラワーパークですか。うーん、日曜日は込むでしょうね。

男：日曜日はどこも込んでいますよ。

女：でも、あそこは、お金もかかるし……。あ、みやま公園は？　あそこなら、ただですよ。

男：そうですね。みやま公園にも、きれいな花がいろいろありますね。

女の人はどうしてみやま公園のほうがいいと言っていますか。

2ばん　**こたえ** 4

B
12　女の人が自分のうちについて話しています。女の人は今どこに住んでいますか。

女：高校までは両親のうちから通っていましたが、大学はうちからちょっと遠かったので、寮に住んでいました。そのあと、東京の大学の大学院に行きましたが、東京には祖母がいるので、祖母のうちから通うことにしました。今は働いていますが、そのままそこにいます。本当は1人で住みたいんですが、お金がかかるので。

女の人は今どこに住んでいますか。

3ばん　**こたえ** 3

B
13　男の人と女の人が話しています。2人は何を食べますか。

男：おなかすいたね。昼ご飯、何食べる？

女：おすしが食べたいなあ。

男：うーん、高そうだなあ。今、あまりお金持ってないし。カレーはどう？

女：カレーかー。カレーは昨日の夜、食べたんだよね。

男：そうか。じゃ、ほかに安くておいしい所は……。

女：あ、前に行ったピザのお店は？　その隣のラーメンでもいいね。

男：そうだね。どっちがいい？　僕はどっちも好きだから。

女：2人で食べるなら、ピザのほうがいいかな。

男：じゃ、そうしよう。

2人は何を食べますか。

4ばん 　**こたえ** 2

Ⓑ14 市役所で男の人と受付の女の人が話しています。男の人は何日を予約しますか。

男：来月、ここの会議室を予約したいんですけど。

女：何日ですか。

男：5日か9日の午後お願いできますか。

女：5日は月曜日ですから、ここは休みなんです。9日はもう予約が入っていますが。

男：そうですか。じゃ、ほかの金曜日はどうですか。

女：えーと、16日、23日、30日。あ、午後ですよね。午後なら9日も1つ空いて
　　います。

男：じゃ、お願いします。

男の人は何日を予約しますか。

5ばん 　**こたえ** 2

Ⓑ15 デパートで女の人と店員が話しています。女の人は何を買いますか。

女　：すみません、友達に赤ちゃんが生まれたので、お祝いのプレゼントをあげたいん
　　　ですが。

店員：まあ、おめでとうございます。では、こちらの服はどうですか。

女　：ちょっと小さいですね。実は生まれたのは4か月ぐらい前なんです。

店員：では、おもちゃはどうですか。こちらのコップや帽子も人気がありますよ。

女　：うーん、コップはもう持っているかもしれないし、帽子は大きさが合うかどうか
　　　わからないですね。

店員：おもちゃなら、いくつあってもいいですね。

女　：そうですね。じゃ、これにします。

女の人は何を買いますか。

6ばん　こたえ 2

🅑16 男の人と女の人が話しています。男の人は映画の何がいちばんよかったと言っていますか。

男：昨日見た映画、よかったよ。犬と子どもの話なんだけど。

女：へえ。何がよかったの？　話が面白いの？

男：話は前に本を読んだことがあるから知っていたんだけどね。話もいいけど、それより、映画に出てくる山や川がほんとにきれいでよかったよ。

女：犬や子どもは？

男：僕は犬が好きだからかわいいなあと思ったけど。でも、あんなにきれいな映画、久しぶりに見たよ。

女：ふーん。

男の人は映画の何がいちばんよかったと言っていますか。

7ばん　こたえ 4

🅑17 男の人と女の人が話しています。男の人は先週どうして北海道へ行きましたか。

男：これ、北海道のお菓子。先週、行ってきたんだ。

女：ありがとう。スキーに行ったの？

男：スキーもしたかったんだけど、今回は、姉の結婚式。北海道の人と結婚したから。

女：ふーん。結婚式のあとは？

男：両親と一緒にゆっくり旅行したかったんだけど、次の日に大事な仕事があったから、僕だけ帰ってきたんだ。

女：へえ、そうなんだ。

男の人は先週どうして北海道へ行きましたか。

もんだい3　　　　　　　　　　　　　　　　　　　　　　　　　　P.60

1ばん　こたえ 2

🅑19 店でバッグが見たいです。店の人に何と言いますか。

1　あのバッグ、見せていいですか。

2　あのバッグ、見せてくれませんか。

3　あのバッグ、見てもらえませんか。

2ばん　こたえ 1

🎧B20　友達が授業の発表のあと、教室で1人で片付けています。何と言いますか。

1　あ、手伝おうか。

2　ちょっと手伝わない?

3　あ、手伝ってくれる?

3ばん　こたえ 2

🎧B21　電車を降りました。傘がありません。駅員に何と言いますか。

1　電車で傘を見つけてもいいですか。

2　電車に傘を忘れたんですけど……。

3　電車で傘を捜しましょうか。

4ばん　こたえ 3

🎧B22　食堂で座れる席を探しています。何と言いますか。

1　ここ、座ったらどうですか。

2　ここ、座りませんか。

3　ここ、空いていますか。

5ばん　こたえ 1

🎧B23　レストランでスプーンを使いたいです。店の人に何と言いますか。

1　すみません、スプーン、ありますか。

2　すみません、スプーン、もらいましょうか。

3　すみません、スプーン、持ってきてもいいですか。

もんだい4　　　　　　　　　　　　　　　　　　　　　　　　P.63

1ばん　こたえ 1

🎧B25　女:少し前にメール送ったんですけど、届いてますか。

男:1　はい、読みました。

2　ぜひ読みたいです。

3　いえ、読みません。

2ばん　**こたえ** 3

B26 男：夏休みに友達とハワイに行くんです。

女：1　へえ、楽しみにしていますね。

2　わあ、楽しかったですね。

3　それは楽しみですね。

3ばん　**こたえ** 2

B27 女：このパソコン、今、だれか使ってる？

男：1　これ、先週買ってもらったんです。

2　いえ、どうぞ使ってください。

3　ああ、田中さんが使いました。

4ばん　**こたえ** 1

B28 男：このお菓子、1つどうですか。

女：1　あ、いただきます。

2　ええ、よかったです。

3　どういたしまして。

5ばん　**こたえ** 3

B29 女：お客さん、10人来るけど、座れるかな。

男：1　たくさん歩くね。

2　へえ、にぎやかだったね。

3　じゃ、もっといす持ってこないと。

6ばん　**こたえ** 2

B30 男：飛行機のチケット、もう予約しましたか。

女：1　はい、していました。

2　はい、してあります。

3　さっき乗ったところです。

7ばん　**こたえ** 1

B31 女：わたしはマリじゃありません。メリーです。

男：1　あ、失礼しました。

2　じゃ、おじゃまします。

3　あ、どういたしまして。

8ばん　**こたえ** 2

🎧B32　男：このアパートでペットを飼ってもいいですか。

女：1　いえ、ペットは飼っていません。

2　いえ、ペットは飼えないんです。

3　いえ、ペットを飼ってもよくないです。